U0895367

“十三五”国家重点出版物出版规划项目

中国经济治略丛书

地方政府绩效评价研究

Research on Local Government Performance Evaluation

王 涛 田秀杰 等著

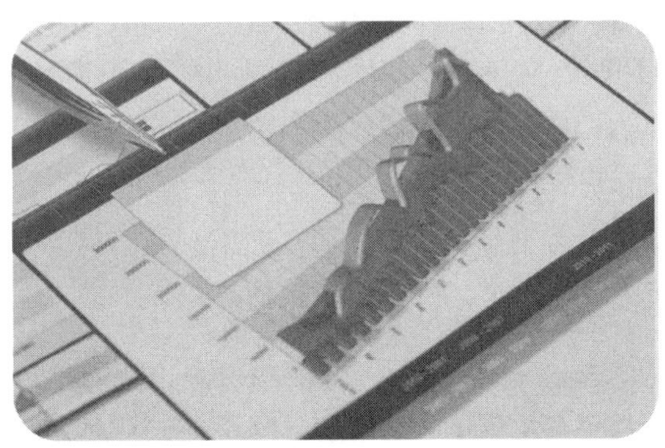

中国财经出版传媒集团

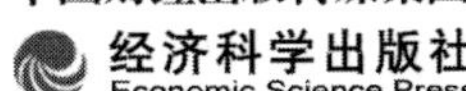

经济科学出版社
Economic Science Press

图书在版编目（CIP）数据

地方政府绩效评价研究/王涛等著．—北京：经济科学出版社，2020.4

（中国经济治略丛书）

ISBN 978－7－5218－1501－6

Ⅰ．①地…　Ⅱ．①王…　Ⅲ．①地方政府－行政管理－研究－中国　Ⅳ．①D625

中国版本图书馆 CIP 数据核字（2020）第 066827 号

责任编辑：于海汛　陈　晨
责任校对：靳玉环
责任印制：范　艳　张佳裕

地方政府绩效评价研究

王　涛　田秀杰　等著

经济科学出版社出版、发行　新华书店经销

社址：北京市海淀区阜成路甲 28 号　邮编：100142

总编部电话：010－88191217　发行部电话：010－88191522

网址：www. esp. com. cn

电子邮箱：esp@ esp. com. cn

天猫网店：经济科学出版社旗舰店

网址：http：//jjkxcbs. tmall. com

北京季蜂印刷有限公司印装

710×1000　16 开　8 印张　140000 字

2020 年 4 月第 1 版　2020 年 4 月第 1 次印刷

ISBN 978－7－5218－1501－6　定价：32. 00 元

（图书出现印装问题，本社负责调换。电话：010－88191510）

前言

在欢庆中华人民共和国成立70周年的喜庆气氛中，很高兴地接到了《地方政府绩效评价研究》一书通过审稿的消息。作为实证社会主义市场经济的研究成果，这是我们为新中国成立70周年的献礼，也是我们服务于地方区域建设的成果汇报。回顾中国人民从站起来到富强昌盛的历程，是在前无古人的事业探索中获取人类文明发展经验的过程，也是共产党人为人类进步的理论践行。我们的研究能够为此贡献自己的微薄之力，成为汇海之一涓而感到欣慰。同时也为书中的不足而感到不安，深知学无止境的道理，更激发了不断探索和前进的信念。

社会主义市场经济的特殊之处，主要表现在其公共管理的目标是服务于人民大众的，解决好人民群众最关心、最直接、最现实的利益问题，不断增强人民群众的获得感、幸福感、安全感。在此基础上的区域性管理活动就往往带有较强的计划性和主体功能性明显的特点。各个区域的地方政府的宏观管理的任务也必然服务于主体功能性管理的需要，成为不同历史时期的特征性标志。因此，在不同的历史阶段、不同的经济和社会环境下，对地方政府的评价内容也是不同的，但总的目标应该是一致的，并是在全局意识的社会环境下实施管理的过程。为此对地方政府的绩效评价就不可能使用理想化的价值观念进行衡量了，而是按照主体功能实施的科学性和必要性，作为我们考核评价的主要内容。

从社会主义市场经济建设的实际出发，政府的职能及工作重点就是完成一般的普遍任务的前提下的全局性功能的发挥，促使经济社会在较快的道路上平稳前行。为此从生态功能、战略安全功能、市场分工协作等一般均衡视角来考核地方政府的绩效，就成为我们研究的核心内容。由于掌握的资料有限，未能对全国各个地方政府的工作绩效做出系统的评价，只是以黑龙江与全国的比较为例，从评价思想和方法上做初步的探讨性实证研究。

在写作过程中我们的研究生程梦云、董文博、唐蕊、赵小红（拼音字母顺序）为此付出了大量的辛勤劳动，分别完成了各章中的数据资料获取和主要的实证工作，在此表示感谢。

CONTENTS 目录

第 1 章

政府职能论

政府是国家权力机关的执行机关，即国家行政机关，人们在使用该词的过程中有广义和狭义之分。广义的政府包括立法、行政、司法在内的所有国家机关，而狭义的政府仅指国家行政机关。从政府的职能上看，广义的政府职能是立规和管理，而狭义的政府职能就只有管理。不论是从哪一视角出发，政府工作的质量都关乎一方的社会福祉，并涉及我们评价的领域和范围。而要做好评价就必须明确政府的基本职能和工作范围，为此我们要从政府产生的最初职能、职能的转变及由此而产生的主要矛盾等视角做如下分析。

1.1 政府的产生与最初职能

在各类文献中对政府及其职能认识的表述存在着很多的分歧，尤其是对政府职能的要求更是五花八门。因此从政府产生的根源视角，观察政府的职能，将会得到更为本质的认识。

1.1.1 政府的产生

什么是政府？其有什么作用？古今中外的学者对此进行了诸多的讨论，并从不同角度出发对政府及其职能进行了界定。

1. 政府产生的根源

政府是国家的管理机构，所以政府和国家是同时产生的。而关于其产生的根源，却认识不一。

第一，宗群需求说。这是古今中外较为普遍的认识，即地处一方的群体为了趋利避害，而设立的“刑政”等利民组织或机构。这是中国古典的政府形成理论，先秦时的诸子百家都对此有过阐述。例如墨子指出：“古者民始生，未有刑政之时，盖其语，人异义。是以一人则一义，二人则二义，十人则十义，其人兹众，其所谓义者亦兹众。是以人是其义，以非人之义，故交相非也。”① 人们各是其义，于是就杂乱无章，如同禽兽。人们为了继续生存下去，就迫切需要“尚同一义”；为了统一人们的看法，就需要“选天下之贤可者，立为天子”，于是“刑政”就产生了。再如韩非子指出：“上古之世，人民少而禽兽众，人民不胜禽兽虫蛇。有圣人作，钻燧取火，以化腥臊。而民说之，使王天下，号之曰燧人氏。”

第二，契约论。这是产生于西方民主制环境下的解释，即将政府与民众之间的关系解释为双方的协调和约定的关系。如：

霍布斯在《利维坦》一书中论述了契约论的思想，他认为在自然状态下，即在没有一个共同权力使大家慑服的时候，人们有处在战争状态之下的危险。为了避免战争，求得和平，人们自愿放弃个人的自然权利，订立契约，同意把个人权利交给一个统治者或主权者，于是政府就产生了。

法国思想家卢梭说：“政府就是在臣民与主权者之间所建立的一个中间体，以使两者得以互相适合，它负责执行法律并维护社会以及政治的自由。”他认为政府其实不过是主权者的执行人。

第三，马克思主义的国家起源论。马克思认为国家是人类社会生产力的发展，伴随私有制及其阶级的产生而出现的。这是从历史唯物主义的视角，参考了大量的历史资料，特别是在摩尔根的《古代社会》一书形成的，并在《家庭、私有制和国家的起源》一书中详细论述了国家和政府的起源问题。他认为在原始社会，社会生产力极为低下，人们以血缘关系为纽带，共同劳动，共同占有生产资料，实行原始的民主管理。因此没有国家，也不需要国家。

到了原始社会后期，生产力有所提高，产品有了剩余，私有制开始出现。以占有剩余产品和社会财富的多寡为界，人群开始分裂为对立的层次和部分，阶级和国家随之产生了。原始的民主管理也相应地发生变化：随着私有制、阶级和国家的产生，原始的民主管理组织被改造，并设立新的机关，最后全部以真正的国家机关来取代它们。这时，氏族的社会机构变

---

① 《墨子·尚同》。

成了国家的统治和管理机构，这就是我们今天所说的政府机构。可见，马克思主义认为政府和国家是同时产生的，在阶级社会中，政府是为统治阶级利益服务的。

近年来，随着政府研究的深入，政府的概念也进一步扩展。有的学者把政府分为非国家机构的政府和国家机构的政府两种类型。如果把政府定义为国家机构的政府，如上所述，政府的起源就是和国家的起源联系在一起的。如果把政府的定义拓展为包括非国家机构的政府即社会的公共管理机构，那么政府就先于国家产生，氏族社会的原始民主管理机构也属于政府，即在无国家的史前社会就已经产生政府了。这种观点在某种程度上是对马克思主义关于国家和政府是从社会中产生最终还要回归于社会的理论的阐释和说明。

2. 政府职能范围的演变

政府随国家的发展而发展。在不同的历史时期，由于经济和政治条件的不同，政府机构的组织会有所不同。一般来说，随着历史和社会的发展，政府机构的变化是一个不断复杂化的过程。早期国家的政府较为简单。但随着国家领土的扩大、人口的增加、生产的发展以及社会生活的广泛开展，政府机构日趋复杂。封建社会和奴隶社会相比，政府所管的事情要多得多，所以政府机构也要复杂得多。其中，资本主义国家的内外矛盾日趋尖锐，社会政治生活日益复杂，因而资本主义国家的政府机构臃肿。据统计，1920 年以来，美国联邦政府机构扩大了 5 倍。1976 年，美国政府官员达 1500 万人以上，加上非正式的政府雇员，总数可达 2200 万人，竟占美国人口的 1/10。政府产生之后，经历了由简单到复杂的发展过程，适应了国家发展的需要，也适应了人类社会生活逐步展开的需要，是一个不以人的主观意志为转移的客观历史过程。这个过程说明，国家和政府机器在逐步得到加强。

政府的职能范围决定了政府的规模，同时由于其为统治阶级利益服务的本质，其范围也就与统治阶级所能控制的国家规模有关了。人们习惯上将立法与执法的范围和程度作为政府职能的大小判断依据，并把各类政府划分为广义和狭义两种定义，如赵宝熙主编的《政治学概论》指出：“政府一词，历来就有广义和狭义两种不同的解释。在资本主义世界，实行总统制的国家，政府通常是指中央和地方政府全部的立法、行政和司法机关，并被称之谓广义的解释。在实行议会内阁制的国家，政府通常是指中央和地方的行政机关，并被称之谓狭义的解释”。然而不同的历史时期和不同的国家，所形成的政府体系是存在着很多差异的，为此我们要从动态发展的视角，来观察不同历史时期的政府职能。以中国的历史为例，总结如下：

第一，封建社会的政府职能体系。封建社会的政府是为君主服务的权力代理机关，如中国古代的政府主要是为少数的统治者服务的机构，由于成本最小化的需要，政府的规模并不庞大，且在不同的历史时期有着不同的称谓。如《资治通鉴》中有“李林甫领吏部尚书，日在政府”的记载。再如唐代的政府是指“政事堂”。《宋史欧阳俭传》说：“其在政府，与韩琦同心辅政。”在宋代，政府是指枢密院和中书省，合称“二府”等。不论其称谓如何，其所代表的都是统治阶级的根本利益，所以常被叫作“官府”，并成为与“民众”对立的名词。官府的职能主要是为了掌控和管理其统治者的资源，并为了维护其在所管辖区域的秩序稳定而从事的管理工作。这种政府从形式上看是属于狭义的职能政府，实质上君王政府的职能是融立法、行政、执法于一体的小政府大职能宏观社会管理体系。这种管理体系是以君王的意识来立法和执法，所以其宏观管理和保护的重要目标就是君王所掌控的资源。

第二，资本主义社会的政府职能体系。资本主义社会产生于近代，是目前最普遍的社会形态，且在许多国家被认为是当今世界较为理想的社会形态。民主革命的先行者孙中山先生，在中华民国成立初期，仿照西方世界的政治体系，将国家权力设计为民权（人民权）和治权（政府权）之和。民权包括选举、罢免、创制、复决四种权力；治权包括立法、行政、司法、考试、监察五种权力。这种理想化的解释是将立法与选举的权力赋予民众，以保证政府的管理工作不脱离符合民众意志的法律法规的约束。遗憾的是依赖于军阀和资本家的不彻底的民主革命，最终将国民党政府变为了三民主义口号下为少数军阀服务的国家机器。所以中国现代政治学的开拓者邓初民于1932年出版的《新政治学大纲》里提出，政府不过是执行政治任务、运用国家权力的一种机关罢了。政治学家杨幼炯在其《政治科学总论》一书中也认为，政府就是国家表示意志、发布命令和处理事务的机关。近代中国的政府管理在形式上是模仿资本主义社会的三权分立，而实质上是由少数几个大资本家族掌控，为其集团服务的大政府小职能的宏观管理体系。

第三，新中国的政府职能体系。国内的多数学者都将我国政府理解为广义的政府（谢庆奎、高民政、芮明春、王敬松、辛向阳、胡伟、朱光磊等）。如在《中华人民共和国政府与政治》一书中提出的广义政府概念："这里所讲的政府，不单指中华人民共和国宪法上所言的行政机关，而是权力机关、行政机关、司法机关和政党（中国共产党），即在新中国政府的职能作用更强，范围更广，规模更大。"

1.1.2　政府的属性

对任何国家都可以进行阶级划分，而观察处于统治地位的阶级，在其国家管理过程中，会形成一系列带有阶级利益保护性的法律和国家意识。同时统治阶级还会利用其所掌控的政府，来管理社会公共事务，以达到稳定社会的目的。这种为统治阶级服务的同时，还要兼顾社会管理任务的主体意识形态，都会表现出国家及其为之服务的政府所具有的阶级性和社会性。即国家的性质决定了政府的性质，所以政府的本质也具有阶级性和社会性。

1. 剥削阶级的政府属性

人类社会从奴隶制到资本制，都属于剥削阶级的社会形态，其政府的阶级性都体现得非常明显，社会财富会集中在少数人手中，表现为全社会的贫富差异过大。而政府的主要工作，就是以社会资源的私有权保护为核心，对社会公共事务的管理，也多是以维护既有各阶层的稳定为前提。尤其是当社会矛盾很难协调时，政府会将内部矛盾转化为向外扩张的区域冲突，在挑起外部矛盾冲突的过程中转移或化解内部矛盾。

2. 社会主义政府的属性

在社会主义国家的政府中两种属性的比重在不同时期还有所不同。在社会主义的国家和政府建立之初，由于无产阶级刚刚取得政权，政府还要镇压被推翻的剥削阶级的反抗，粉碎外部敌对势力的颠覆，对生产资料私有制进行社会主义改造，进而用革命思想占领意识形态领域，消灭剥削阶级，所以阶级斗争的任务比较繁重。这时候强调政府的阶级性是非常必要的。在大规模急风暴雨式的阶级斗争已经成为过去，剥削阶级作为一个阶级已经被消灭以后，虽然还存在阶级斗争，存在着"和平演变"的可能性，存在着敌对分子的破坏活动，需要加强无产阶级专政，政府的阶级性仍然不可忽视，但是，政府的社会性的比重却在逐步增大。这时候政府的主要任务是集中力量发展经济、科学、教育、文化和社会福利事业，加强对社会公共事业的管理。如果看不到这种因阶级斗争形势的改变所引起的政府属性的变化，那么就有可能只重视阶级性的一面，而忽视社会性的一面；只强调抓阶级斗争，而忽视发展经济和对社会公共事务的管理，其结果必然会使社会主义现代化建设受到损害，使社会主义制度的优越性难以得到发挥。

正确认识政府的两种属性，对于了解国家和政府的本质，分辨资本主义国家的政府与社会主义国家的政府的区别，是很有意义的。正确对待社会主义国家的政府属性的消长变化，对于促进社会主义现代化建设，推动经济、科学、教育、文化的发展，加强社会公共事务的管理，都具有重要作用。

1.1.3 政府的职能

英国自由主义理论家密尔在《代议制政府》中提出政府的职能有三点：一是政府能够促进人们本身的美德和智慧；二是政府要靠人的劳作；三是政府需要人民最大限度地参与。所以他认为："政府既是对人类精神起作用的巨大力量，又是为了公共事务而构建的一套有组织的安排。"从这一理解出发我们可以看到政府的职能有如下方面体现：

1. 政府存在的目标

许多文献对政府的目的或目标都有明确的论述，主要观点如下：第一，政府是为了统治阶级服务的国家机器，统治阶级的利益就是政府的工作目标；第二，政府是为人民利益服务的国家机器，是人民利益的最终代表；第三，政府是以法律的维护为目标，代表着法律所保护的阶级利益。

在封建帝王的时代，为了帝王家族的利益，而以法律的形式来构建政府，并以"水能载舟，也能覆舟"的思想来构建政府，所以政府的作用就应该在保证社会安全的同时，使王族的利益最大化。随着社会的进步，资产阶级从经济利益出发，所建立的政府也应该在保证社会安全的同时，使资本保护成为最主要的目的。

社会主义国家的政府建立是以"为人民服务"为宗旨，所以保证绝大多数民众的公平利益和维护社会的和谐稳定就成为政府的最终目的。为此必然以更为详尽的法规体系的建立来保障，并且其法律内容必然要与保护少数资本阶层利益的法规有着本质的区别。我国在新中国成立前占支配地位的主要矛盾是帝国主义和中华民族的矛盾、封建主义和人民大众的矛盾；在社会主义改造基本完成以后，主要矛盾是人民日益增长的物质文化需要同落后的社会生产之间的矛盾；而在我国走向强盛的今天，主要矛盾则是人民日益增长的美好生活需要和不平衡不充分的发展之间的矛盾。

2. 政府应该做什么

从经济学的视角看政府工作，主要是为民众提供公共服务。代表不同阶级利益的政府，出于不同目的而选择其服务项目和服务对象会有较大的差距。为资本榨取和获利阶层服务的政府，所设立的法规往往是偏重保护资本的获利环境；而为广大民众的长远利益服务的政府，由真正的人民代表所提出的法律规章，必然不同于资本主义国家的法律体系。所以政府应该做什么？从形式上看，似乎都是为民众提供公共服务的。而实质上政府官员中起决定作用的主体，代表了哪一阶层的利益，政府的服务必然偏向哪一阶层。从经济学的视角出发，我们认为政府提供的公共服务应该包含如下主要内容：

第一，树立符合服务对象目标的民众意识形态。社会的公共道德和社会法则是民众意识形态的主要内容，国家的性质会决定意识形态的内容，所以按照服务对象的需要设计和巩固意识形态，才能保证国家的根本利益。

第二，建立维护意识形态的法规体系。法律法规体系是维护社会秩序的重要保证，而法律体系的主体内容包括立法人和立法机构、履行法律的民众和法律约束的群体以及维护法律的社会团体。法律体系的具体内容是以建立维护社会关系为目的的法律条文，即法律条文的内容将是以维护服务对象的生存环境为主要出发点。

第三，创建符合服务对象需求的生存环境。国民的生存环境是指人类较好生存能够长期保持的条件，包括自然环境、社会交往环境、经济环境等内容。为了使这些环境变得更好，需要整个社会付出不懈的努力，为此政府的立法和执法就应围绕环境的营造和改进来进行。不同性质的政府，出于不同目标的管理需要，所营造的环境将存在较大的差异。为此社会管理的差距，就会反映在生存环境的差异上。

1.2　政府职能的转变

不论政府建立的最初目的是什么，也不论其建立的基础是什么，更不论其蕴含什么样的政治体系，今天的政府都有着相同的环境和服务对象，都要接受来自各方面的评价和考验。政府的职能也发生了诸多改变，主要表现在如下几个方面：

1.2.1 最初职能及实现效果

有学者把政府职能视同为政府功能，但也有学者认为政府功能与政府职能之间有着质的区别，二者不能混淆。即政府的基本功能只有一种，即运用国家公共权力调整社会生活基本秩序，站在社会之上管理社会公共事务。这些公共事务有历史全程性公共事务和历史阶段性公共事务，也有固定的公共事务和新生的公共事务，还有共有的公共事务和特有的公共事务。政府管理社会公共事务的基本功能，需要通过政府的各项具体职能体现出来。有学者认为政府职能是目前非常重要而又比较难做的题目，无论是政治学还是行政学对这个问题的研究都是比较薄弱的，并有一定的局限性。政府职能问题是一个政治与经济一体化的问题，在政治分析基础上，还要引入经济分析方法，对政府职能问题进行综合研究。我们认为政府是国家与社会相关联的组织，即政府是社会中的政府，与社会中的其他组织一样，源于社会的功能需求，承担着满足社会各种各样功能需求的任务。研究政府职能问题，必须从社会的需求出发。社会需求是政府职能存在的理由，当然不是所有的社会需求都是指向政府的。基于这样的前提，我们把政府职能界定为：政府职能是指政府根据社会发展需要而应履行的职责及其所应起的作用与能力。它反映着政府所代表的国家的阶级实质和活动的基本方向。政府职能不是一成不变的，而是随着经济、政治、文化、科学和社会的发展变化而发展变化的。政府职能规定着政府组织机构、政府权力、政府利益和政府管理的实际运行。换言之，有什么样的社会需求就会有什么样的政府职能，有什么样的政府职能，就应该有什么样的政府机构、权力、利益和政府管理。

政府职能的历史类型与社会的历史类型、结构、性质、发展程度等紧密相连。政治学学者们习惯于把历史上的各种政府相对划分为三大类型：传统型的政府、现代型的政府和过渡型的政府，并对不同历史类型的政府职能进行分析比较研究。

1.2.2 政府职能的扩展

现代社会政府职能随着经济的社会化发展，特别是工业革命和新技术革命浪潮的冲击，社会秩序发生了巨大的变化：社会生活的内容极大的丰富，人们在社会生活各个方面的交往迅速增加，社会联系日益密切，而且联系的种类和方式日益多样化，相对封闭的社会层级变成比较开放的社会集团，高层次的需求变得越来越重要。在这种情况下，国家规模不断扩大，政府职能也逐步相应地发生了变化：作用在政治、经济领域内的保卫性、统治性职能的比重相对缩小，作用于各领域特别是经济、教育、文化和其他社会领域内的管理性和服务性职能的比重大大增加。但这是一种总的态势，它在现代化程度不同的国家的具体情形是不同的。如在西方发达国家、社会主义国家和发展中国家的情形是不同的。

1. 传统的政府职能的转变

政府职能在较发达国家的不同历史时期也有所不同。大约在19世纪中叶西方社会进入现代化的早期，国家与社会、政治与经济向着相互分离和独立自治的二元结构状态过渡。在政府与公民的关系上也是二元结构，公民为保护自己的切身利益而免受政府的过分侵蚀。此时的政府职能结构表现为：阶级统治职能极为突出，政府的社会管理职能呈缓慢扩张的态势。在西方国家现代化的中期（20世纪五六十年代），国家与社会处于势均力敌的二元化平衡状态，政府与公民之间的二元分立结构关系也得到了巩固。此时政府职能呈现不断扩张的趋势：政府的阶级统治和社会管理职能迅速膨胀，国家与社会、政府与公民的二元化结构导致这两组关系之间矛盾冲突的加剧，政府的社会平衡职能极为繁重。在西方国家现代化的近期（20世纪70年代以来学术界一般用“后现代化”或“后工业化”概念），国家与社会的关系开始从对立、对抗的二元分立结构向互为渗透的“一体化”意义上的一元包容结构关系过渡，与此相联系的就是政府与公民的关系也从二元分立结构开始走向“一体化”意义上的一元包容结构。这种关系直接制约着西方政府职能结构的转型，西方政府职能不断膨胀的势头得到有效控制，但政府职能总体规模并没有因此而得到缩小。政府职能结构中社会服务和社会平衡职能发展较快，政府的阶级统治和社会管理职能更为巧妙地隐藏在社会服务和社会平衡职能之中。值得注意的是西方国家跨国政府的职能有所扩大，并有居于主权国家政府职能之上的趋势。

如欧洲联盟跨国政府的职能将比原先的欧共体政府的职能更为广泛，它必将对其他具有地缘、历史、文化和种族相近性的跨国组织具有深远的影响。

2. 社会主义国家的实验

自1917年列宁领导的俄国十月革命胜利后至20世纪60年代，世界上曾建立过15个社会主义国家。由于受生产力水平、社会结构状况、生产资料所有制形式、社会资源配置方式、意识形态等因素的影响，它们在国家与社会、政府与公民的关系上既有别于西方发达国家，也有别于第三世界的发展中国家。这些国家可以“改革”来划分为前后两个时期。

改革前，这些国家政府与公民的关系，基本上是完全区别于西方社会的新一元结构。这是以革命的方式推翻旧政权、创建新政府的结果。这些社会主义国家政府职能外延宽广，内涵丰富，政府承担着许多西方政府所不能承担的社会管理事务，亦即政府的社会管理和社会服务职能特别繁重，甚至政府用管理政治事务的方法来管理经济和社会事务，使国家事务社会化管理错位为社会事务国家化。那一阶段的社会平衡职能主要通过其平均主义的社会资源分配政策和政治协商制度来保障，为此导致机构臃肿、管理队伍庞大。

南斯拉夫社会主义联邦共和国在20世纪70年代末80年代初，掀起的社会主义改革浪潮，首先进行了政府职能的转变，随后的苏联和东欧等国也都进行了一系列的改革和政府职能的转变工作。这一系列的改革为人类社会积累了丰富的历史经验教训。我国也是在70年代末开始进行了以一系列的改革开放为主基调的政府职能的转变，并且是在让社会逐渐适应的进程中进行的渐进式的改革。从目前的改革结果来看，我们所坚持和探索的做法是成功的，不仅逐步解决了贫困的困扰，还使得我国成为具有全球影响力的国家之一。

1.2.3 政府职能的演变趋势

政府一般都是指中央和地方全部的立法、司法、行政机关，而政府官员则是其职能实现的执行者。正如美国著名教授威尔逊（F. G. Wilsom）指出：“政府系国家的机器，它是社会控制的杠杆，它的官员就是国家的代理者。”这种关于政府是国家的机器、工具和代理者的本质认识，说明了政府是国家进行阶级统治、政治调控、权力执行和社会管理的机关和人员群体。从不同角度对其进行分类，有助于对政府本质功能的深入认识。主要的分类和历史演变规律如下：

1. 从有阶级的政府向无阶级的政府转变

按照人类历史的进程，封建社会主要表现为阶级之间的财富差异过大，资本主义社会较封建社会的生存环境更好一些，社会主义社会是在探索中不断成长，并在解决了温饱的同时使得国民的普遍福利得以提升。

按照国家的本质、国体和政府的阶级属性来划分，古今中外的政府可分为剥削阶级国家的政府和社会主义国家的政府。剥削阶级的政府从奴隶制、封建制到资本主义的政府，都是传统形成的，具体表现形式也主要有君主制、共和制（议会制、总统制、委员会制）等具有传统特色的管理体制。社会主义国家的政府，也采用共和制，其具体形式有苏维埃制、人民代表大会制、代表团制、人民议会制等。

我们的共和制与资产阶级国家的共和制有着本质的区别，在保护私有资本剥削性的共和制中，我们看到了形式上的所有民众都参与大选的民主，与极少数的资本代言人在资本集团操纵下的选举结果。而我们的系统性人民代表大会的多层次民主参与和集中稳定的选举结构性结果，在有利于保障人民当家做主的权利的同时保证国家机关能够协调高效运转，是具有强大生命力的社会管理体制。这种管理体制是在不断地调整和解决社会基本矛盾的探索中逐渐形成的，是经受了复杂的社会矛盾冲突考验的必然选择。这种社会管理理念是产生于中华传统文化和在不断地追求科技创新的过程中形成的，主要体现在党的十九大报告中的人类命运共同体和世界文化多元化发展的认同理念。这一理念体现出人类文明和进步的要求，目的在于反对剥削、消除贫困、避免剥削阶级的形成和人类的和平共处。为此新中国向来主张解决内部矛盾，反对内部矛盾的外部转移，进而也就是反对殖民主义和霸权主义。

2. 从独裁走向民主的过程

从国家的政体即政权组织形式来划分，是政府分类的主要方法。因为考察政体的角度不同，概括和分类自然也就不同。例如，亚里士多德在《政治学》一书中，按照两个不同的标准对政府进行分类：第一个标准是执政者的人数。一人统治的为君主政府，少数人统治的为贵族政府，多数人统治的为共和政府。他把这三种政府称之为正常形态政府（“常态政体”）。第二个标准是执政者所追求的目的。他按与执政者追逐私利的程度将政府分为作僭主政府、寡头政府和平民政府。他把这三种政府称为变态政府（“变态政体”）。

洛克最早系统地提出了分权学说。他以立法权的隶属关系为标准，把立法权属于一人、少数人、多数人的政府，分别称之为君主政府、寡头政府和民主政府。其中君主政府又分为世袭君主制和选任君主制。孟德斯鸠既按行使最高权力人数的多寡，又根据政府的精神和特质，将政府分为共和政府、君主政府和专制政府。在共和政府中，又分为民主制、贵族制和国君制。而贵族制又分为自然的、选举的和世袭的三种。“人民”集体或只有一部分人掌握权力的政府，便是共和政府。在共和政府中，他认为严格意义上的民主制从来就不曾有过，而且永远也不会有；选举的贵族制政府是最好的政府。只有一人统治，但根据固定和确定了的法律，便是君主政府。只有唯一的一个人，既无法律，又无规章，完全凭个人的意志和爱好来支配一切，便是专制政府。这是他要坚决反对的政府。

美国政治学家约翰·威廉·伯吉斯在《政治科学和比较宪法》一书中以多标准对政府进行分类，视国家与政府的主体一致性，分为直接政府和代表政府；视执政者的任期，分为世袭政府和选举政府；视立法机关和行政机关的相互关系，分为内阁制政府和总统制政府；视政府权力是否集中或分散，分为分权政府和集权政府。

杨幼炯在《政治科学总论》一书中提出，按照权力的分布情况，分为单一制政府与联邦制政府；按照实际行政机关的情形，分为总统制政府和内阁制政府；按照参政者的人数多少，可分为独裁制政府和民主制政府，并认为这是最实际的政府分类法。

我国有的学者提出了“权力主体”概念，意指行使某种权力的个人、机构、集团或全体公民，主要有立法、行政、司法机构和国家元首等。认为国家政体的不同主要是由围绕“权力主体”的五个因素决定的，由此提出五条分类标准：一是因国家权力划分不同而形成的“权力主体”的设置的不同；二是“权力主体”产生方式的不同；三是“权力主体”组织方式的不同；四是“权力主体”行使权力的期限的不同；五是“权力主体”相互关系不同。因为这五个方面的不同，古今中外的政府或政体可分为贵族共和制、等级君主制、专制君主制、二元君主制、议会君主制（立宪君主制）、贵族共和制、议会共和制、内阁制、总统制、委员会制、独裁制、苏维埃制、人民代表大会制等。

3. 制度体系的不断完善与反腐的加强

上述从国体和政体两个视角对政府的趋势做了分析，其中政体视角分析比国体视角分析的历史更为悠久、分析研究更充分，因而比较客观地反映了古今中外政府的存在形式，这对于考察各种类型的国家和各种形式的政府有一定的意义。但是，它们都只注意了政府的形式，而脱离了国家的本质和内容，因而都不能正确反映政府或政体的本质和内容。只有马克思主义的政府理论，才比较科学地揭示了政府或政体的阶级实质。古往今来，政府类别变化多端，纷繁复杂。随之而来的政府分类也层出不穷，各有一定道理，但始终未能得出一致结论。其中每一种分类都不是绝对的，不过有一点是可以肯定的：历史和现实的人们都无法离开国家政权的性质而任意选择自己的政府形式，因为政府形式毕竟是国家阶级本质的外在表现。

除了上述从国体和政体两方面相结合进行政府分类外，还有其他一些分类法。如按政府发展的历史进程，分传统型政府、现代型政府和过渡型政府；按照组成政府的权力集团或掌握政府的个人的产生方式分世袭政府、民选政府；按政府主要官员职业身份，分军人政府、文官政府；按政府对社会公共事务管理的范围及多少，分为小政府、有限政府，大政府、无限政府、万能政府、全能政府；按政府对国家社会事务干预的能动程度，分为积极政府、消极政府；按政府自律程度，分为廉价政府、廉洁政府、腐败政府、寻租政府（政府官员个人寻租、集体寻租）；按政府人员的知识素质和办公技能，分为“知识政府”“电子政府”；按政府权威的依据，分人治政府、法治政府。除此之外，还有负责任的政府、道德化的政府、公平化的政府、有新思维的政府、有预见的政府、有社会凝聚力的政府、质量上乘的政府、具有企业精神的政府等①。

通过上述分类的历史演变，我们从中可以总结出政府职能的转变和完善过程。从独裁的维护少数人利益的政府，到为大众服务的维护公共利益的政府，是人类历史发展的必然。然而在为民众提供公共服务的同时，机会主义就必然存在，腐败的温床也就容易产生。这是伴随人类社会长期存在的普遍现象，而随着人类文明的进步，对公共服务的需求不断增加，相应的监督和管理也在不断地增强，所以腐败现象的暴露也更为频繁，反腐败的任务也就受到普遍的关注，并成为政府工作的主要任务之一。

---

① 乔耀章：《政府理论》，苏州大学出版社 2003 年版，第 17 页。

1.3 市场经济与政府干预

人类社会的历史也可以看作是资源的稀缺性与人类需要的无限性之间的矛盾解决的过程，因此社会资源的配置方式就成为人们研究社会文明进步的主要领域。如今让市场在资源配置中起决定作用，已经基本成为人类的普遍共识。然而在市场配置资源的过程中，还存在着一系列需要政府来解决的重要问题。主要表现为两个领域。

1.3.1 自由市场理论与市场失灵

在对经济学进行的一系列数理证明中，福利经济学的定理有力地支持了自由市场是人类最佳选择的理论。福利经济学第一定理所讲述的内容可以概括为完全自由竞争的市场可以实现社会资源的帕累托最优配置。而第二定理是第一定理的逆命题，即实现社会资源最优配置的环境一定是自由市场机制。从看不见的手到福利经济学的150多年的经济学，不但完善了自由市场的经济理论，同时也是人们将现实与理论进行对比，而不断地发现问题，并努力完善经济理论的过程。在这一过程中所产生了市场失灵的理论，及其解决方案的相关研究，就是经济理论从认同市场、否定市场，再到认同市场的否定之否定过程。

市场失灵实际上是在自由市场最优的理念下，对社会经济的不理想状态的一种表达。即在市场经济环境中，没有达到人们所期望的理想状态的各类表现。对这些问题的研究，人们总结了四个方面的基本原因，分别说明如下：

1. 垄断导致的市场失灵问题

在现实的竞争市场环境中，由于资源的禀赋及初始所有权的结构决定了完全自由竞争的理想市场条件不具备，从而产生了垄断市场问题。垄断市场是指在市场上只有一个或少数几个生产者成为某种商品的唯一或主要供应者，这个或少数几个生产者可以人为地限制产量，提高产品价格，损害消费者剩余，降低资源的配置效率，硬化价格刚性和黏性，滋生大量的寻租活动，损失社会福利（哈伯格三角形）。对这种不理想的状况，人们采取了反垄断法等许多限制性措施，然而见效甚微。其实垄断是在自由竞争中成长起来的，因为垄断可以带来超额利润，所以只要市场的自由竞争对利润的追求存在，就必然招致人们对垄断的渴望，所以垄断并不能消除竞争，只能改变竞争的形式。同时垄断不可能长期处在某个市场主体手中，这是因为客观现实是一个动态的过程，传统的垄断往往伴随着传统的市场技术和资源成本，只要新技术能够改变产品的性能和生产工艺，就可以改变垄断状态，因此人们对新技术的追求会在利润追求的同时而解决垄断问题。所以传统的垄断理论是在静态分析的环境下得到的结论，是在竞争市场的动态分析中不存在的问题。当然，可竞争市场理论并不认为无约束的市场能够自动解决一切经济问题，也不认为所有实质上的政府规制和反托拉斯措施都是不应该的，都是有害的干预。而政府的作为就应该是保护市场机制的正常运行，排除人为的不必要的进入和退出壁垒，保障可竞争市场条件的增强。

2. 外部性导致的市场失灵问题

在完全竞争市场上，市场交易各方在市场机制的作用下，会形成对交易各方都满意的交易价格和交易量。所以说只要交易信息对称，交易各方的均衡就能实现，同时这种均衡也是在交易各方之间所达到的帕累托最优结果。但是当我们将观察的范围扩大到交易市场之外，你就会发现，市场之外的因素会给你带来意想不到的相关收益或成本，这些收益和成本常常会是你在市场交易中所涉及不到的内容，使得你的市场交易失去了最优的性质。这类在现有的市场体系中，没有被考虑到市场交易价格之内的成本或收益，就是人们所谓的外部性。相对于外部性的概念，如果市场的价格信息能反映市场决策所需要的全部信息，即每个行为主体的全部成本和全部收益都包含在价格之中，则称之为有效市场。

对于外部性的存在，有人认为是市场的失灵，并主张采用计划或政府的治理来解决。同时，也有人认为是市场化的程度不足，只要扩大市场的范围，就可以解决外部性的问题。但是在实际生产和生活中，有些成本没法也没有包含在相应的成本中，也有些收益没法和没有包含在相应的收益之中，这就是市场存在的外部性。

以庇古为代表的一批经济学家们，认为通过国家干预采取税收和津贴等方法解决外部性问题是比较好的途径，政府的干预是必要的。但是，科斯在其经典论文《社会成本问题》中提出政府的干预并不是必需的，有可能利用市场的方式来解决。这一思想被人们概括为科斯定理，即在交易费用为零的情况下，无论明晰的初始产权是如何界定的，外部性所涉及的各方总会通过市场机制达成均衡的结果。

通过科斯定理我们可以得到几点结论：首先，外部性问题与其他稀缺性资源的使用问题没有实质上的区别。它的出现在于没有为这些资源建立明晰的产权市场，因而外部性的问题不是“市场失灵”的问题，而是“市场缺位”的问题，因此在一定条件下能够配置其他资源的市场机制同样能够配置涉及外部性所需的资源而提高经济效率。科斯定理的一个重要意义就在于它揭示了通过市场机制来解决外部性的可能性。其次，市场机制对外部性的矫正需要一定的条件，即明晰的产权和较低的交易成本。这个条件的创造既可以通过政府依照正式的制度建立来完成，也可以在一定的社会道德规范和市场信用机制中完成。在科斯看来，允许当事人就外部性进行谈判以自愿交换是解决外部性的有效法律规则，政府的作用即在于界定当事人拥有的产权，包括进行谈判的权利，而不必直接干预。显然，用市场来矫正市场失灵需要政府和社会创造相应的条件。最后，科斯定理隐含着这样的意义，即在交易费用为正的情况下，不同的权利界定就与资源配置效率密切相关。科斯通过大量的案例说明在存在交易费用的情况下，产权的不同界定情况会导致不同的资源配置结果。但是，当交易成本为正时，如果产权界定给估价最高的当事人时，利用明确界定的产权之间的自愿交换达到的资源的配置也是有效率的。可见，即使在正交易成本的条件下，市场机制也能够在一定程度上矫正外部性问题。

3. 公共物品导致的市场失灵问题

公共物品是指市场、公共桥梁、道路、海滩、公共教育、公共通信以及公共电视等由多数人同时享用的各类基础设施。具有非排他性、不可分割性、非竞争性等特点的，使用权不设定的公共设施，以及国有或集体所有的一切物品，其使用过程不需要进行市场化的交易。在经济理论中，对公共物品的认识存在着较大的差异，主要表现在如下几个方面：

第一，有的学者认为公共物品，必须由政府提供，有效率的政府所提供的公共服务，能够促进社会的福利、提高社会进步的速度、稳定社会秩序、减少社会矛盾。如国防、外交、基础科学研究、环境保护和重大传染病的防治等领域，必须由政府提供的，具有不可替代的作用。再如退耕还林、退耕还草和退耕还渔，以及防治“非典”和“禽流感”都是公共物品的典型例子。尽管公共物品大都是由政府，而不是由市场来供给的，但是政府供给公共物品的整个机制却具有相当强的市场性，这一思想在以布坎南为代表的公共选择学派的理论中有系统的论述。

第二，在市场至上的理念下，部分学者认为公共物品是一种市场的失灵。这种思想认为自由市场是最佳选择，管得越少的政府越是好政府，这种片面认知背后的目的就是为了减少政府对市场的监管，削弱政府的功能。

第三，在不同的社会意识形态下，对公共物品的外延确定，存在着较大的差异。如义务教育就是一种公共服务，在不同的国家义务教育的年限是不同的；再如公路在某些地方是免费使用的，而在某些地方是收费的，所以在不同的学者看来就有不同的结论。正因为如此，有的学者认为公共物品是可以由私人提供，而有的学者认为公共物品不能由私人提供，而产生这些分歧的根源就在于对公共物品的理解的差异。

不论是哪一种理解，都会涉及政府与市场的作用边界问题。即公共物品由政府负责配置，非公共物品由市场负责配置，而对公共物品的不同理解，就必然导致资源配置的主体选择问题，而不是市场失灵的问题了。

4. 信息不对称导致的市场失灵问题

在自由竞争市场的各种假设中，信息对称是很强的基本假设，也是较难达到理想的对称状态的现象。为此要实现市场的帕累托均衡，信息的对称是不可逾越的基本条件，在买卖双方信息充分对称的情况下，市场会自动实现经济资源的有效配置。然而，现实的市场信息往往是严重不对称的状态，尤其是产品的质量信息。

这是信息不对称的条件下，市场上会产生“逆向选择”和“道德风险”等问题，逆向选择是指市场交易的一方如果能够利用多于另一方的信息使自己受益而对方受损的情况，同时面临信息劣势的一方便难以顺利地做出买卖决策，因此而引起的市场交易价格的扭曲，市场均衡并非帕累托状态，且导致市场效率的降低。而道德风险是指交易的一方利用信息不对称等漏洞，损人利己的违约行为，从而将导致市场交易的非帕累托状态。

信息经济学的研究，很大的篇幅是解决信息少的一方如何得到私人信息，判断是否值得去获取那些隐藏着的信息，应该从哪些方面来获取那些隐藏信息等问题。这是由于传统的交易规则，存在着很多保护私有信息的非帕累托内容，需要在相当长的历史时期，来逐渐转变和完善。随着市场化程度的加深，社会分工的精细，市场平台系统技术的信息管理规则将越来越有利于信息的公开和透明。

从市场组织来看，大量的社会化、市场化的中介组织也是克服不对称信息的有效机构，这些中间组织除了通常意义上的中介机构外，还包括商业银行、保险公司、证券机构，甚至还包括一般意义上的企业。由于从大量杂乱的、包含虚假信息的诸多信号中找出真实有效的信息，是一种费时费力的、具有很强专业性的工作，这就出现了专门从事收集信息、分析信息的机构。这些机构为许多人进行相同的信息搜寻工作，实现了专业化和规模经济，使搜寻私人信息的成本下降。同时他们要在市场上生存下去，并从这种工作中获得利润，必须取信于信息的消费者，提供真实有效的信息。依靠市场分工和市场信用，不对称信息市场上的交易行为就可以正常进行了。

如果说解决逆向选择需要信号显示和传递，那么克服道德风险的关键就在于有效的激励机制的设计。根据委托代理理论或者激励理论，道德风险是在契约签订之后出现的，为了减少道德风险对委托人可能造成的损失，契约中就要包括一些鼓励或者激励代理人的条款和内容，或者说契约就应该是一种鼓励或者激励代理人的规则和制度。尽管激励制度或者形式是多种多样的，比如承包制、租赁制、股份制、固定工资、奖金以及期权都是不同的激励制度，但是有效的机制设计的基本思路，就是既要使代理人的效用极大化，同时在代理人为自己效用最大化的努力水平上，又恰好使委托人的利益达到最大。简而言之，机制设计的基本思想就是使代理人的最大利益与委托人的最大利益协调统一起来，使代理人主观为自己的选择，客观也为了委托人。

根据上述关于市场失灵的四个方面分析，我们可以得到以下几点结论：

首先，市场化的加深可以在很大程度上解决所谓的市场失灵问题，即市场失灵多数是由于市场的作用没有完全发挥出来，要不断地深化市场的资源配置功能，加大市场的规模和范围，使市场在社会资源配置中真正起到决定性的作用。

其次，市场的作用发挥是各个市场主体通过供求机制、竞争机制、利益机制和价格机制在自愿交易中实现社会资源的有效配置。因此，政府在保障社会安全稳定的同时，要在意识形态建设上，规范各种法律和规章，以促进市场的交易效率和经济公平。

1.3.2 政府与市场的关系

从经济学的产生至今，政府与市场的关系或称之为“政府与市场的边界”问题都是学者们避不开的研究内容，同时也是没有达成共识的问题。主要观点梳理如下：

1. 自由经济倡导者认为政府的干预越少越好

认为存在市场失灵和政府失灵的学者很多，尤其是倾向于经济自由主义理论的经济学家们，认为政府失灵比市场失灵的危害要大得多，因此市场失灵并不是政府干预的充分理由。这种思想倾向的背后，可以看到的是自由主义无政府理论。

2. 政府是包治百病的万能良医

通过大量的文献梳理，我们发现市场出现问题就找政府的研究倾向。主要表现在以下三个方面：第一，当市场出现不理想的问题时，就考虑到由政府来解决的思想；第二，在经济问题研究中将政府视为外生给定的变量来处理，即就局部的市场主体做较片面的研究，将政府置于其研究的系统之外；第三，市场的失灵等问题，是由于政府的监管不到位造成的。所以，我们将这些文献的基本思想可以归纳为政府万能论。

3. 政府与市场独立的思想

在一些文献中，我们可以看到，将客观存在的政府与市场对立起来，并形成政府是计划或国有的代名词，同时也就将市场作为私有或民营的代名词，然后大讲国进民退或计划与市场的矛盾等相关内容。这类将事物进行概念替换和简单两分的做法，没有任何参考价值，但是这类的文献并不少。

4. 政府与市场相容互补的理念

政府和市场都是当今世界客观存在的事实，人类社会所处的环境是普遍联系的平衡系统，处于这一系统之中的政府和市场也必然存在着一种必然的联系。而在近百年的人类文明实践中，纯计划经济和纯市场经济在局部地区都出现过，政府替代市场和市场替代政府的事实都大量的不同程度地存在过。但是无政府和无市场的现象却很难长期存在，可以看出政府和市场都是人类现代社会生存结构中的必要因素，两者的作用可以部分替代。其在不同的社会环境中，作用的组合结构也必然是不同的。因此市场与政府的最佳边界也不是固定不变的，将随着主权国家的社会环境不同而产生偏移，当社会环境较好时市场的作用将更大一些，而在国内外环境不大理想时政府的作用会更大一些。

在上述四种认知中，明显存在许多理念和思想上的片面性，虽然这些学者是在一定的背景环境下，所阐述的政府与市场关系也是在某些前提下的判断，但是从更为系统的观点来研究这两者的关系，我们更倾向于第四种观点。

1.3.3 政府的干预理论

相对于自然形成的市场经济，政府的作用要较市场晚了许多，并且以政府的影响力来干预市场，也是历史和现实中常见的现象。政府对市场的干预无外乎如下几种情况。

1. 市场规则的制定

市场规则是为维持市场秩序而制定的规范市场主体活动的各种规章制度，是参与市场活动的各方必须共同遵守的行为准则。由于市场主体的经济人特性，总是追求自身利益最大化，市场规则不能由参与市场的当事人来制定，而应由公正的第三方来制定，才能保证规则的公平和公正。当市场主体在经济交往中出现矛盾和争端时，也不能由当事人仲裁，而应由第三方来进行公正裁决。这第三方主体可以是如下几个：

第一，是交易场所的提供者。为了促成交易的实现，必须具有交易场所，而交易场所的提供者，往往是交易双方都相信的第三方。同时交易场所的提供，也可以获得一定的收益，而为了收益的最大化，交易场所的提供者要努力让交易双方都能够长期依赖并信任他。

第二，行业协会也可以制定某些市场规则，并对某些经济纠纷进行仲裁，主要是在涉及交易品的技术性标准的相关领域内进行。由于行业协会的松散性，并不能形成交易规则的更高层次制定和管理的主体承担者。

第三，政府所属的市场管理机构和法律制定部门，作为公共权力机构，最适合充当公正的第三方来制定市场的总体规则，并对市场主体的争端进行裁决。当市场主体的经济行为违反市场规则时，政府可以通过政权工具进行相应惩处。因此，政府在制定市场规则、维护市场秩序中起着主导作用。

2. 国家安全保障的市场垄断

垄断是指一个或少数经济主体控制了市场的供求和价格，主要有以下类型：一是自然垄断，即由规模经济造成的垄断。如供电、铁路等有着生产规模越大平均成本就越低的特点，很容易形成高效率的垄断性经营的企业。二是经济性垄断，即市场主体利用自己的经济优势，通过联合组织或共谋等方式排斥市场竞争而形成的垄断。包括协议定价、串通投标、瓜分市场或顾客、定额分配生产量和销售量、联合抵制交易、实行价格歧视、掠夺性定价、签订搭售和附加不合理交易条款等。三是行政性垄断，即依靠公共权力或通过专门的法律规定而形成的垄断。

垄断者的目的往往是为了获得额外的利润，不仅会阻碍生产要素的充分流动，还会造成配置资源的效率损失，所以才存在反垄断法等一系列限制措施。然而，存在政府和国家的环境下，为了国家安全等特殊需要，政府会对某些产业实行垄断管理。

3. 外部性的治理仍然需要政府

根据科斯定理，通过市场化的加深来解决外部性问题，但是产权清晰和信息对称是市场化的前提。如果前提不具备，则会造成市场的无效率，要提高资源配置效率，就需要政府通过明确产权、征税和补贴、直接管制等措施来减弱或消除外部性，让外部效果由市场主体自行负担或承受，使外部性内部化。

4. 信息不对称更需要政府

向外部性的处理一样，对促成市场交易的第三方进行市场化的处理，也是解决信息不对称问题的有效方法。然而相关的法律、法规，公平、公正的制度与处理原则，都需要政府组织来完成。对应违反规章的处罚，以及信息的公布和管理等业务，还必须依靠政府的行政手段进行监管和惩戒，才能从根本上防止失信行为，保证市场有效运行。

5. 公共产品的生产是政府存在的根源

公共产品的不可分割性、非竞争性和非排他性，使其很难由市场机制来提供。公共产品的非竞争性意味着多一个人消费该产品不会增加其边际成本，这样一来，公共产品的成本就难以量化，公共产品提供者就难以向个别消费者收取合理费用，公共产品也就无法按市场原则生产出来。公共产品的非排他性使公共产品的提供者无法排斥任何消费者的利益分享，消费者就不会自愿向公共产品提供者付费，出现所谓“搭便车”行为。面对“搭便车”行为，私人企业付出了成本却无法获得收益，或者收益远远小于其成本，它们就不会有动力提供这类公共产品。公共产品十分重要而私人又难以供给，因此，作为公共部门的政府必须承担起提供公共产品的责任。

6. 宏观经济调控需要政府

市场均衡多是个体行为在市场上形成的权衡结果，其中个体在市场权衡中所依赖的信息，多是宏观经济的信息引导，所以当宏观上出现问题时，就需要从宏观问题产生的原因上下功夫。只有政府才有责任和义务，加强宏观信息的管理、监控和引导。以在宏观上不断地调整经济的运行，并使得宏观经济向着预期的方向发展推进。实际上宏观经济的完全均衡是偶然现象，而非均衡则是常态。当经济失衡十分严重时，会出现生产过剩、失业、通货膨胀和周期性经济萧条等问题，造成资源的巨大浪费。而宏观经济的失衡和周期性波动是市场自身无法避免和有效解决的，必须依靠政府这只“看得见的手”来调控经济的运行。

7. 在公平分配中只有政府才具公信力

分配公平是公共资源配置的重要目标，但是市场无法实现这一目标。在市场机制中，人们收入分配的多少取决于稀缺程度不同的生产要素的价格和数量。然而完全靠市场机制调节收入分配，就会使市场的矛盾迅速积累加大，进而产生社会收入差别扩大，甚至导致贫富两极分化等问题的出现。收入差距过大不仅有悖于资源配置的公平原则，也会破坏市场效率，影响经济发展和社会安定。但是，市场本身无法解决收入差距过大问题，必须由政府通过收入再分配等政策来促进收入分配的均等化。

综上所述，政府和市场各有长短，各有其有效的作用领域，两者总体上是一种互补关系。在一般竞争性领域，市场配置资源的效率最高，应让市场在资源配置中起决定性作用，只要市场能够有效发挥作用的地方，政府一般都不应干涉。政府的作用主要是维护市场秩序、提供公共产品和服务、促进共同富裕、保障宏观经济稳定、弥补市场缺陷。应当让政府与市场在各自擅长的领域和范围，各司其职，相互补充，共同促进资源优化配置。

第 2 章

地方政府职能绩效评价的思想

21 世纪人类最为关注的事情就是我们的生存环境问题，但解决环境问题则需要全球的共同努力，为此对我们生存环境状况评价，并从中发现问题，进行制度性的根源剖析，以查找根本性的解决方案，就成了我们的研究热点。现实中我国政府为了遏制环境恶化的势态，在宏观管理中将国土规划为不同的功能区，以限制性政策控制环境的恶化。这样，就必然产生不同区划的主体功能作用发挥情况以及作用发挥程度和效率评价等问题。然而，我们现有的统计评价体系，只是在社会化产品的再生产领域，以追求国内生产总值（GDP）最大化的目标进行的，使我们对生态的评价体系缺乏科学的参照系统和全面的统计核算资料。为此我们的研究涉及了从参照系统的建立到实证评价，再从实证发现问题到问题的制度根源查找，同时研究了从制度的运行机理到解决问题的制度安排等一系列研究内容。

2.1　政府绩效考核的意义与方法

由于传统的政府评价是以社会经济统计核算为中心，侧重于经济总量及其增长速度的攀比。没有将考核的范围扩展到自然环境和人力资源等社会环境的相关领域，所以也就没有系统性的相关信息资料的调查和积累。而要系统性的、长期的针对政府职能性考核进行观察与分析，就必须构建该项业务所需的统计系统工程。该项工程应该包含如下主要内容。

2.1.1 地方政府绩效评价的意义

习近平总书记在党的十九大报告中就深化机构和行政体制改革作出重要决策部署。统筹考虑各类机构的设置，科学配置党政部门及内设机构权力，明确职责。统筹使用各类编制资源，形成科学合理的管理体制，完善国家机构组织法。转换政府职能，深化简政放权，创新监管方式，增强政府公信力和执行力，建设人民满意的服务型政府。开展绩效考评作为深化机构和行政体制改革的前提，对于机构和行政体制的改革具有非常重要的意义。其中政府绩效考评是政府机构改革的前提，它对于改进政府管理，促进政府依法行政，提高政府工作效率，加强政府职能转换具有重要的作用，同时政府绩效考评也是公共管理的必要手段。具体主要体现在以下几个方面：

1. 推进政府行政管理体制改革，强化政府责任

开展政府绩效考评有利于推进政府行政管理体制改革，从而推动我国的政府行政体制改革的历史进程。

政府绩效考评摒弃了传统的以 GDP 为核心的考核模式，将社会管理和公共服务的结果及效益以量化的形式表现出来，从而推进政府行政管理体制改革，强化政府责任。它能够全面考核政府工作人员的工作成绩、工作能力、个人品德和知识水平等方面的客观表现，将政府工作人员晋升、降职、奖励、调离等与个人和组织绩效直接挂钩，有利于激励政府公务人员创造更好的绩效，有效地避免地方官员大搞政绩工程而忽视为民谋利，从而达到了强化政府责任的目的。通过考核对政府的绩效进行比较分析，就可以对政府工作人员的德、能、勤、绩等情况有较全面的了解，从而为提拔任用那些敢于担当、踏实做事、不谋私利的政府工作人员提供依据。

2. 提高政府工作效率

开展政府绩效考评有利于提高政府的工作效率，这种工作效率的提高要借助于现代信息技术的发展。政府绩效考评既能评估政府部门的工作绩效，又能发现其在实现绩效目标的过程中出现的问题并找到相应的解决对策，因此，政府绩效考评有利于提高政府工作效率。同时，政府绩效的考评使得各种信息在政府、绩效评估者和社会公众之间流动，由此推动政府便捷地使用现代信息技术，从而实现政府绩效考评管理的目标。目前，我国在互联网、大数据、人工智能等方面发展非常迅速，社会的信息化程度越来越高，但在信息化发展方面还存在教育、医疗、经济、文化等方面发展不平衡的问题，还存在不同的地区之间发展不平衡的问题，还存在不同的教育主体、医疗主体、经济活动主体、文化事业建设主体和接受主体间的发展不平衡问题，行业、地区、个人之间所面临的信息各不相同，信息化的发展存在严重的信息不对称和信息不完全的问题。因此，在实现政府管理模式由管理型向服务型转变的过程中，政府需要利用好现代信息技术工具，让各行各业信息在其所在行业内充分高效地流通，在此基础上实现政府高效的办事效率和为人民服务的宗旨。

3. 推动建立社会主义民主政治

政府绩效考评在提高政府效率和管理能力的同时，建立和完善公共责任制度，改善政府与公众的关系，提高了社会公众的满意程度，有利于形成政府与公民、政府和市场的良好互动关系。社会公众是政府管理活动的对象，是公共服务的消费者，政府行使公共权力的目的是实现公共产品的有效供给，增强对社会需求的了解，确保政府的政策集中在那些能够满足社会公众需要的那部分产品和服务上。根据公众需要提供公共服务与公共产品，又根据公众对公共服务与公共产品的满意度来评估政府绩效，从而确保政府管理对公众负责、提高公共服务质量，完善公共责任机制与运行机制，既为政府部门改进绩效提供有价值的信息和反馈，建立和发展公众与政府的良性互动关系，又能增强社会公众的凝聚力，提升社会公众对政府的信任度。在政府绩效考评的过程中，公民充分地参与到了政府决策中来，使得政府部门的管理过程得以公开，从而为公民参与对政府及其领导人的评价和监督开辟现实途径，有利于推动建立社会主义民主政治。

2.1.2　对绩效评价方法的说明

在对政府绩效进行考评的过程中，必须对绩效一词有个客观准确的理解。文献中涉及的主要概念和理解如下：

1. 绩效的定义

对于绩效的理解可以从结果论、行为论、结果和过程统一论等视角进行定义，主要观点如下：

第一，结果论中的绩效。伯纳丁等（Bernadin et al.，1995）认为："绩效应该定义为工作的结果，因为这些工作结果与组织的战略目标、顾客满意感及所投资的资金等关系最为密切"。凯恩（Kane，1996）指出，绩效是“一个人留下的东西，这种东西与目的相对独立存在”。从这些定义可以看出，结果论观点的支持者认为绩效是工作所达到的结果，实质上是在支出（投入）一定的前提下使得政府工作成绩达到最优的考核思路。

第二，行为论中的绩效。墨菲（Murphy，1990）认为，绩效是与一个人在其工作中的组织或组织单元的目标有关的一组行为。坎贝尔（Campbell，1990）认为，绩效是行为表现，应该与结果分开，因为结果会受系统因素的影响。绩效是人们实际的行为表现，而且是能观察得到的。就此定义而言，它只包括组织目标有关的行动和行为，能够用个人的熟练程度来评定登记。绩效不是行为的后果或结果，而是行为本身。绩效由个体控制下的与目标相关的行为组成，不论这些行为是认知的、生理的、心智活动的或是人际的。

从这些定义可以看出，行为论观点的支持者认为，如果结果产生的过程我们无法控制和评定，那么行为最终形成的结果就不会是可靠的。所以考核只能从过程中进行，即在结果给定的前提下，侧重投入支付的考核思路。

第三，结果与过程统一论中的绩效。支持者认为绩效应当包括行为和结果，单纯将绩效定义为结果产出或行为投入的过程都是片面的不恰当定义，只有将两种结合考核出投入所带来的产出效果才是真正的绩效。所以考核的重点在于结果与过程的效率比较的考核思路。

通过结果论、行为论、结果和过程统一论的比较分析，我们认为在经济管理活动中绩效是指社会经济管理活动的投入过程所带来的，符合管理目标的改进成果的效果测定，即属于结果与过程统一论的观念。而政府绩效则是政府及其他公共权力组织通过运用公共权力，在依法对社会经济活动进行管理或服务中产生的结果和效能。即政府的绩效不仅包括政府施政的业绩与成效，还应包括政府及其部门为有效实现其生态、社会、经济等管理职能所具备的能力与水平，具有多因性、多维性、模糊性等特点。

2. 绩效指标的核算方法

通过绩效的性质分析，我们认为绩效的考核就是项目的产出与投入的比较分析。这种比较涉及产出与投入的比和差等两种形式：

比的形式是最常用的核算方式，其适用面很广。但是受到计量单位的限制，各考核指标之间的可比性存在问题。所以需要经过可比化处理，有的文献称为归一化或标准化处理，即以功效系数的形式来测定绩效指数。具体过程如下：

第一，产出比投入的比值，算得复合计量单位的原始绩效指标。

第二，确定标准化的理想值，多以最大值、最小值或某具体的标准值作为理想的标准值。

第三，以相对距离函数来测算各指标较标准值之间的相对距离，作为可比化的绩效指数。

差的形式是产出减投入的结果，该类方式需要投入和产出指标的计量单位要相同，所以在综合评价中很少适用的。

3. 政府绩效考评的主体

政府绩效考评的主体是指评价活动的实施者，是执行评价并报告评价结果的组织。由于现实的政府绩效考评，不仅包括政府组织的自我评价、上级评价、权力机关的评价，还应当包括相关专业的专家评价，中介机构进行的评价等，分别说明如下：

第一，政府组织的自我评价。政府组织的自我评价是指行政机构按照有关法律制度的要求，在履行职责、执行业务的同时，还要规定其管埋活动产生的预期成果，制定自身绩效评价的指标和系统，定期评价自身活动的绩效，并向公众报告。

第二，由专门的政府机构进行的评价。政府绩效评价是专业性很强、技术含量很高的研究活动，为了保证评价的独立进行和客观公正，有必要由专门机构来开展绩效评价，如由审计机构或者政府的专门评价机构来开展。

第三，社会中介机构开展的评价。由于社会中介机构具有更多社会调查等专业技能，而且由于其不属于政府，所作出的评价比较客观。所以由中介机构开展的评价也是一种有效的评价形式。

政府绩效评价的主体是多元并存的，但是具体实施一项评价活动的评价主体应按照法定程序产生。立法机关和政府可设立专门的机构或委员会，领导政府绩效评价工作。实施评价主体应具有相应的资格，具备专业胜任能力，这样才能确保工作的有效开展。不论哪种对主体实施的评价，在评价过程中都应注意使公众参与评价。因为政府是为公众服务的，公众对政府行为及其效果是否满意，是评价政府绩效的重要方面。在评价过程中，评价主体可以通过运用民意调查、社会调查问卷等形式取得公众对评价对象的评价意见，将收集的社会公众的意见作为评价的重要依据，从而实现公众充分参与政府绩效评价的过程。

4. 政府绩效考评的客体即评价的对象

从总体上来讲，政府绩效考评的客体是政府的公共管理活动。但在评价时必须确定能体现政府绩效的载体，也就是评价的组织单元。政府绩效考评的组织单元既可以是一级政府，也可以是一个部门、一项活动、一项职能或一项政策。按评价客体的不同，政府绩效考评可以分为对一级政府总体的绩效评价、对政府部门的绩效评价和对政府项目的绩效评价三种主要类型。

2.2 地方区划的功能管理及其现实意义

由于主体功能区划管理的提法是在“十一五”规划中提出的，主要应对当时较为严重的环境污染问题。所以人们多数将其理解为自然环境改善的单一目标管理，然而我们对生存环境的要求不能像简单的动植物要求的那样，需要考虑更高层次的美好需求。正像单独追求经济增长一样，单一目标所带来的危害，在若干年后就会体现出来。为此到了党的十九大的报告中，就提出了人类命运共同体和对美好生活的向往等理念和奋斗目标。为此我们研究的主体功能区划管理，与自然环境为主要目标的主体功能管理相比，就应该具有满足更广泛的一般化目标管理的需要，而建立宏观功能性的管理评价系统。

2.2.1 主体功能区划管理的含义

主体功能区划管理，虽然是在环境治理的背景下提出的，但是并非人类历史上的新名词。在经济学中专业化分工提高生产效率，分工和多样化的消费需要产品交换，从而产生了市场经济。同时在专业化和规模经济的客观环境下，绝对优势和比较相对优势贸易理论，也证明了各类地区主体功能的形成与客观存在性。在最为普通的主体功能区划管理，也存在主体功能的差异，例如，城市与乡村的功能区别，这是人们所能理解的主体功能区划管理最为简单的典型实例。

在总结文献的基础上，我们认为主体功能的区划管理就是各地区主要管理者，为维持某种主要功能目标，而对其所辖区域进行的宏观经济和社会管理活动。从这一基本概念出发，在人类历史的不同时期，主体的功能经常发生改变。在市场发达的太平盛世，不同的专业分工，使得各地之间的差异普遍存在，这种异质性的功能形成是长期的市场交易引起的结果，是“看不见的手”的作用体现。而在计划经济管理时期，这种功能的异质性就很容易被统一的行政管理替代，最终形成了小而全到大而全的单一的规模目标的管理方式。为了后续分析的需要，我们就这两种功能管理的目标特点和效果做进一步分析如下：

1. 单一目标管理的方式与功能

长期的计划经济管理方式，使得我们的管理层形成了上传下达的高度统一性的单一目标的管理定式，使得我国各地的宏观管理工作，也都有意无意地片面追求经济增长，这是一种规模最大化的单一目标管理模式。这一管理模式的特点，比较适合战争时期，物资短缺和人力资源迅速调配等特殊时期的要求。而在和平盛世，这种管理方式极易产生社会效率低下和严重的腐败现象。

我国是一个人口众多、资源相对不足的大国，随着我国向工业文明的迈进，我国的人口、生态环境、资源等矛盾日益突出，这些问题日益成为社会发展的主要问题。从一定程度上来讲，这也是我国政府绩效考评目标单一而导致的结果。由于政府绩效考评目标单一，考核方式过于统一，不能做到具体问题具体分析，从而使某些部门为追求政绩或者编造数字、大吹浮夸风、浪费资源、不计成本的盲目投入、忽视协调发展形成错误的政绩观和发展观。最终导致我国人口增长不能与社会生产力相适应，经济建设与生态、环境、资源不能相协调，从而没能实现发展的良性循环。

在政府绩效考核目标单一的问题下，还存在绩效考核缺乏有效监管等问题。目前，政府部门的评估主要是上级评估为主、自我评估为辅，目标责任制的考核、组织考察和工作检查等仍是政府绩效评估的主要评估方式。虽然，也出现了一些地方政府开展公民评议政府、企业评议政府等活动，但是一方面这种现象还是属于少数地方政府的行为，并没有在我国各级地方政府中广泛开展，更没有通过制度和法律的形式确定下来，以更好地推广应用；另一方面，即使少数地方政府开展这样的活动，仍然缺乏一种制度保障，使得公众评议的结果能够有效地应用，以提高政府绩效和改善公共服务质量。同时，对评估过程的监督不足，也会导致评估结果流于形式，甚至是弄虚作假、贪污腐败等现象的产生。

在传统的规模经济增长的单一目标追求中，不但容易忽视自然环境的保护，还极易产生某些社会现象的负效应。这些问题的产生，本质上都属于没有实现主体功能区划管理，而一味追求单一目标管理的结果。同样道理，如果将主体功能区划管理也理解为单一的，为了自然生态的保护而进行的宏观管理目标，则又一次犯了片面性的错误。试想在重点建设开发区，红红火火地进行生产活动的同时，禁止开发区的人们从事绝大多数的生产活动，这将是极不现实的状态。如果这种政策的长期实施，不但会使禁止开发区的人民福利下降，同时也是让保护生态环境的人们为破坏生态环境的人们“买单”。这也是社会不公的重要表现，也是我们理论研究的失败。

2. 多目标的管理方式与功能

在市场经济环境中，在不涉及生存威胁的情况下，不同的地区会逐渐形成相对稳定的生产交换方式。并在“看不见的手”的引导下，自动自觉地发挥不同地区的主体功能。这样的状态必然呈现出宏观管理多目标的形势，而且随着市场交易的改变，宏观管理的目标也是在不断地改变的。

主体功能的异质性是客观存在的，市场经济是这种异质性的必然选择，而不顾这一事实一味地追求单一目标的做法，早已被历史所否定。我国的部分学者认为政府绩效考核方法，要借鉴英美和澳大利亚等国的绩效考核方式，形成系统全面的考核内容。考核的主要指标体系也从多视角形成的以经济增长、充分就业、物价稳定和国际收支平衡等经济目标，及其他的一系列政府的管理活动对整个经济社会发展的影响和贡献效率指标。然而这些思路仍然属于在各地区之间实行统一的目标管理的做法，并没有按照不同的地区具有不同的主体功能进行考核的思想。

主体功能的区位异质性管理，是要在市场的协调下，政府的引导下，自然与预期加政策干预下形成的结果，该结果将是在上述条件下的帕累托最优选择。这种最优解必定是对人类社会总体上的最优，绝不会是有利于某一阶层的局部最优解。而这种多目标的系统最优状态的确定，就是我们要解决的最大难题，也是我们在本书研究中必须建立的分析参照系统。

2.2.2 主体功能的确定与管理目标体系的构建

主体功能的选择与确定，是依赖于自身的市场地位和更大的隶属空间的主体功能的需要。即较大母空间的功能是由其在地球上的功能需要决定的，而其下辖的子空间的功能则需要由该母空间的职能及子空间所处的市场和自然环境决定的。如果我们违背这种逻辑关系，而强行实现违背规律性的约束，必将遭受客观规律的惩罚，很多纯计划经济管理国家的实验性历史已经多次充分地证明了这一点。如此来说，主体功能的选择不是随机性的，也不是哪个计划的主观产物，是要在市场的优势中和人类生存空间的限定和约束下形成的。所以历史的负责任的选择，保证了我们的生存和发展。

在异质性的功能选择方面是不能仅以 GDP 的增长作为共同目标的，其实共同目标是不可能完全相同的。然而为了研究的需要，我们有必要构建一个以共同目标为中心的管理目标体系。即在生存空间有限和人类命运共同体的理念下，以市场经济配置资源和国家存在的约束条件下，保障人类对美好生活向往的追求，来设计我们人类主体与其生存空间的和谐可持续发展的良好关系，并作为我们进行统计评价的参照系统，具体内容如下：

1. 处理好人与自然的关系，争取一个好的生态环境

主体功能区划管理的目的就是治理生态环境问题，所以其治理的结果如何，需要对人所处的环境做出客观的综合评价，这也是区划管理的直接目标所能达到的结果的观察。

2. 处理好人与人之间的关系，营造一个好的社会文化环境

在主体功能区划管理中，必定限制一些资源的开发和使用，这种从全局出发的规划管理所带来的负效应就是社会的不公平，即限制和禁止开发的地区福利下降，某些区域为全局的牺牲，在得不到相应补偿的情况下，就必然产生社会的不公平问题。在自然经济环境下，由于没有国家的干预易产生贫富差异较大的两个对立的阶级，所以社会的不公平，主要体现在阶级之间。而主体功能区划管理所带来的不公平，是来自国内各主体功能不同的地区之间，这是新中国所面临的特殊矛盾，也是关系到国家性质的主要矛盾。因为国土的公有是实现主体功能区划管理的前提，在这一非市场作用的前提下，其他相关资源的配置还要依靠市场来引导，这是一对较难调节的矛盾。这一矛盾的解决没有现成的经验可以借鉴，是我们必须正确面对的基本矛盾。

3. 处理好人与产品创造的关系，努力实现市场之间均衡的经济环境

人类区别于一般动物的主要特征之一，就是选择了社会化的分工协作，而这种分工协作的基础就是创建了市场，实行了市场经济。这是现代社会不可或缺的领域，而在实行异质性的主体功能区划管理的背景下，面临共同的商品交换市场，主体功能之间的交易如何进行，是我们需要深入研究的重要课题。也正因为如此，本书需要就相关的统计信息核算做出一定的努力和探索。

2.2.3 主体功能区划管理主体及工作内容

主体功能区划管理的责任主体只能是各地区的行政管理机构，即各地区的主体功能的充分发挥，以及相关的协调管理工作，是各地方政府的基本职责所在。而对其履职绩效的考核又该由谁来承担呢，相关的工作并不理想，世界各地和各历史时期的不同政府，都在努力的自我做出较好结果的评价。所以该项工作是不能由责任主体进行自我评价的，而由上级责任机构来评价是否具有可行性？这是许多政府所乐于其中的事情。从责任关联性上看，由上级政府对下级政府的考评，也是不恰当的。那么由谁来进行评价合适呢？自然就落在了非责任关系的独立第三方的专业评价机构了。

在明确了评价的对象主体和评价工作主体之后，就应该明确被评价者的责任和工作内容，以确定评价考核的指标体系，即考核的主要内容。依据前述宏观管理的目标，依据地方政府的异质性责任，主要明确我们的评价内容为：区域生态环境的评价、区域社会文化和谐状态的评价、区域市场经济均衡状态的评价。

2.3 生态环境状况是政府绩效评价的核心

统计评价是将现实的状况与理想的状态做比较，以比较的结果反映现实存在的主要问题。这里作为对比基础的理想状态，就是统计评价的参照系。所以在进行统计评价工作中，最为关键的工作就应该是对比参照系统的构建。这项工作需要较为系统的理论指导，并且能够将理论与现实进行有效的衔接。同时，在对各类地方政府进行共性的统一考核外，还有考虑到不同地区政府所面临的主体功能。而对不同区划的主体功能进行的考核评价，就成了我们研究的难点和重点。为此，我们所涉及的主要理论及衔接技术如下：

2.3.1 政府绩效评价的主要内容和参照系统

依据地方政府的基本职能，考虑其特有的主体功能，我们认为地方政府绩效考核的重点工作应该包含如下几个方面：

1. 主体功能区划的科学合理性

由于人类的过度开发，破坏了我们赖以生存的自然环境。而为了减缓自然环境的恶化，需要我们对影响自然环境的关键因素做出修复性的调整。调整的最初思路就是希望通过限制和禁止开发等行为，来保证这些区域纳碳放氧的功能，以减缓温室效应所带来的环境的恶化程度。这种主体功能区划管理的目的，是为了遏制环境的恶化趋势，但是这种策略是否有效，以及策略的作用程度的测定，都需要我们做出统计评价。而在此策略的实施和统计评价中，都需要对生态环境的最佳状态、策略的科学合理性、关键要素的操作程度等问题做出系统的描述，并以此为参照进行具体的定量分析。

2. 区域福利的均等化及公平性

社会经济领域的较大规模的行动方案，在其实施的过程中，也往往不是一帆风顺的。因为改革是要付出代价的，这种代价主要是某些人或小集团的利益要服从全局利益所造成的损失。在主体功能区划管理的实施中，这种损失将更为严重，是整个地区与全局之间的利益平衡问题。如果全局的利益不均衡，产生区域之间的不公平，必将影响到策略方案的有效实施。为此，为了保证主体功能区划管理策略的有效实施，该项评价的内容就需要包含全局范围内的区域间利益均等化及公平性的评价。具体可以依据影响各地区环境的关键因素的分布是否平衡、地区之间的收入与生活成本是否均等进行多视角的评价。

3. 功能区划之间的协调有效性

区域之间的功能衔接是否有效，反映在全局系统的均衡关系上，这种均衡从经济学的视角出发就是市场均衡。在主体功能区划管理的实施中，不但存在区域间的市场均衡，还涉及各功能区域之间的功能性均衡等内容。为此，我们的评价还应该包含各地市场和各主体功能之间的均衡状态的判断及其测定等内容。

2.3.2　生态环境统计评价的视角与内容

传统的经济统计核算是在凯恩斯经济理论的指导下，服务于经济增长目标追求的政府管理需要建立的。所以其核心内容是围绕着社会商品的市场交易，从生产、交换到使用的循环视角进行的价值量核算。这种核算基本上能够满足对经济增长目标的考核与相关的分析工作的需要，但是对环境状态、资源的占用以及人类自身的再生产等关系到人类生存和发展的许多重要领域都没有涉及，无法满足当今世界对统计核算的需求。因此，我们的研究所涉及的内容，对现实的宏观经济管理很有必要，是对现有统计核算制度的必要补充。

依据异质性的宏观管理需要，即在明确总体目标的前提下，了解各地政府自身所存在的问题，有针对性地制订差异性的解决方案，才能有效地实现总体目标。从而各地区的主体功能目标才是我们统计核算与分析的参照系统，也是各地各级政府所应该追求的共同目标。为此我们第三方所要核算的主要统计信息内容包含如下：

1. 生态环境的直接观察评价范围

人民的生活状态是各地政府宏观管理的结果，这是历史证明的事实。不论是自由主义盛行的西方国家，还是无政府状态和机会主义盛行的过渡，人民的生活直接关系到政府的行为。同样，在不同历史时期，政府的宏观管理目标的差距，也明显地体现出民众社会福利的差距。为此，我们对地方政府的绩效评价，就应该从民生状态的评价入手，研究人们的生存空间适应人类需求的程度等内容的评价。

人类社会是地球上处于绝对控制地位的智慧生命群体，其唯一的自然生存空间就是地球上的陆地，而陆地在地球上所处的位置，又有一些不适合人类居住的地方。同时人类是群居生活的动物，个体与群体之间必然存在联系，而且人类在长期的交往中，最终选择了市场经济作为资源配置的决定方式。市场及市场之间的均衡就决定了人们对资源利用的效率，进而决定了人们的生活质量。因此有关各地区的生态环境及其质量的评价内容，具体包括如下环境内容的评价：第一，生存区域的自然空间及其质量；第二，群居生存的基本单元（家庭）空间及其质量；第三，区域公共生存空间及其质量。

2. 社会和谐与福利状态是评价的深层目标

人类命运共同体与大国责任的文化基础，来源于中华传统文化，是几千年历史经验的理论升华。这种理论不同于西方盛行的丛林法则，即适者生存的原始环境已经不复存在了，现代社会的环境是一种结构均衡敏感系统，每一局部空间都关系到整体的局势和生存质量。这种命运共同体的趋势及我们所处的大国地位，迫使我们必须做好相关的理论准备，并为理论的实证和应用做出应有的努力。也正是在这一背景下，产生了主体功能区划管理的全球治理观念，并在国内首先划分了保护自然环境的四类主体功能区划，但是系统性的配套支持体系并没有形成，需要做进一步的深入研究。

具体到某一较小的区域也存在着为较大区域的总体利益而做出牺牲的问题，这就需要一种舍小家保大家的文化基础。而作为一位公民在其生存空间以适应区域文化的理念生活，与拥有不同文化的人在此空间生活的幸福感是不同的。所以作为功能区主人的群体，如果能够接受该区域的主体文化，其社会关系必将是和谐的。这种和谐关系是保障主体功能发挥的必要前提，否则主体功能也无从谈起。因此在我们的研究中，需要对各地方政府的基本工作绩效做出考评，以通过考评的结果来反映政府职能的履行情况，进而测定各区域社会环境，用以说明主体功能的发挥情况。具体考虑从区域内和区域间的安全情况，政府为区域内和区域间的公平与均衡的努力及其效果、区域间的福利差距等方面做实证性的分析。

3. 市场经济均衡是评价的核心所在

各地区主体功能分工的自然形成，需要一个庞大的市场环境，该市场必然包含着若干个主体功能区域。如果在一个主权国家内，不存在区域间吞并的威胁等安全问题时，市场的作用往往是有效的，在市场的作用下会自然形成主体功能的分工。在计划经济时期，经常出现主体功能的区分管理，但是计划经济的失误，也证明了许多的主体功能管理的失效。同样，违背市场规律的主体功能区划也必将是无效的。所以我们对主体功能区划管理的效果进行评价时，需要考虑各功能区之间的市场均衡状态。但是这只能在国内的区划管理中使用，因为存在国家的历史时期，国家之间的分工，属于国际分工。而国际分工是有风险的，而且这种风险甚至可能是以亡国为代价的，因此在市场引导的国内分工中，必须拥有军事以及粮食等主体功能产区，以确保国家的安全。

第 3 章

生态环境指数与碳平衡分析

对生态环境的评价，需要首先明确生态的含义和外延范围。各种文献中的观点基本上可以分为两类：一是将生态环境理解为自然界提供给人类生存发展的物质基础，是土地、大气、水、矿产资源及生物资源的原生性自然环境总称。持有这类观点的文献很多，如李湛、沈铎、苏丽敏、曲炳全等。二是认为生态环境包含天然环境（原生自然）和人为环境（改造过的自然环境），即在纯自然环境的基础上增加了人为环境的综合概念，如梁文森等学者。按照现代人类的生活方式，我们认为人类的生态环境应该属于综合性的概念。按照这一概念我们对各省区的生态环境状态做出基本评价，并对其形成的原因做出初步的判断。

3.1 生态环境状态的评价体系构建

从生态环境的综合概念出发，我们将具体从纯自然的环境、群居生活的最基本单元家庭环境、社会交往的公共环境三个方面，来构建我们对生态环境质量进行评价的指标体系。

3.1.1 自然环境

这是由人类赖以维持生命最为基本的要素过程的环境因素主要包括：

1. 适合的温度

温度是生命维持的最基本的条件之一，适合的温度是指适合生命生存的温度，应该是能保证生物链上所有生命的持续存活的较小范围。由于人类已经在地球上选择了自身栖息的处所，都可以说是适合人类生存的地方。但是从评价的视角出发，现有居住地的温度还存在着适合程度上的差异。为此我们的评价就应该选出最适合人类生存的温度作为我们评价判断的依据。根据 2003 年国家正式实施《室内空气质量标准》中明确规定夏季空调房间室内温度的标准值为 22 ~ 28℃，冬季采暖时室内温度的标准值为 16 ~ 24℃。综合夏冬两季的数据可以认为人类在室外生存最为舒适的温度为 20℃，因此决定了这一指标属于中性指标。

2. 水环境

水是孕育生命的摇篮，有水的地方就有生命的存在。然而水的质量和数量决定着生命维持的时长，也决定了生物的数量水平，因此对生态环境的评价就应该包含对水的质量和数量是否适合人类长期生存的相关内容。然而对此衡量是个很复杂的过程。目前的政府统计工作并未做出相关的调查。所以我们只能利用现有的政府统计数据来估测这方面的信息。考虑到现有的人居地区都是有水源的，能够达到维持人类定居的基本要求，且有相当大的范围因人类缺乏生态意识而在逐渐变为缺水地区的现实。我们选择了已有的各地区水资源的统计数据，并结合各地区的区划面积，测算出各地区的单位面积的水资源量作为水条件的评价指标。由于我们的大部分省区属于内陆地区，且表现为水资源短缺的状况，所以该指标可视为正指标。

3. 土地

陆地是承载生物的最重要的载体，它不但是人类定居的地方，更是人们获取生存资源的地方。所以评价居住地区适合人类生存的程度，就应该是被评价的区域能够承载生物的空间和承载的数量。然而陆地的地形、地貌、地质等诸多方面的不同和复杂性，使得适应人类生存土地等统计数据没有办法进行核算，我们也只能考虑到耕地是提供维持生命资源的主要因素，所以一个地区的人均耕地占比就成为我们测量生态自然环境中土地的重要依据了。该指标的测算，一方面反映了各地区生命资源的生产能力；另一方面与森林草地等共同构成了生态规划区域的青山绿水，是生态环境的重要观测点之一。由于全球各地耕地的欠缺，往往是耕地的面积越大越好，所以该指标是正指标。

4. 空气

地球上的空气是生物维持生命的重要因素，尤其是空气中的氧气更是动物生命的保证条件，而空气中的氧气又是从何而来呢？主要是大量的植物生命过程的排放。因此动物与植物是地球生态的共生体，其中植物释放出大量的氧气，而动物吸收氧气生存的同时，又排放大量的二氧化碳，这样碳与水的融合又产生了植物生存所需的碳水化合物质。因此动植物的共生共荣是生命奇迹，也是我们评价生态环境的重要观测领域。然而有关含氧量等统计数据的缺乏，使我们只能以政府统计测定的空气质量指标为替代指标来测定该环境状况。即以空气质量达标天数来衡量空气质量的好坏程度，且该指标属于正指标。

5. 阳光

阳光是地球生物所需要的温度和能量转换的重要动能，有了阳光的保障生命才得以延续。它具有促进植物的造氧和碳水化合物的产生等功能，也具有促进动物钙质的形成以及保证地球气温等作用，是地球生物的根本保障。然而太阳毫不吝啬地为生物普照大地的同时，也在不同纬度上产生了直射（近距离接收）与斜射等作用强度的差距。同时各地的地貌和地质的差异，大气污染所形成的局部差异等因素，也影响着接收阳光的差异。然而这些直接的统计并不存在，好在政府统计中有全年平均日照时数等数据，为我们的评价提供了方便，该指标属于正指标。但是为了反映上述差异的作用情况，我们考虑使用包含空间差异性的空间面板数据进行系统分析。

上述五个方面的评价，也只是对人类生存的自然环境的关键因素的考察。还有许多影响因素，如噪声、风、磁等都对生存起着一定的影响作用。由于这些因素的干扰尚未显现，所以我们的评价将其忽略，不需考虑。而将上述五个方面进行综合，就可以得到自然环境的较恰当反映。

3.1.2 家庭环境

人类社会中最为基本的，也是最为稳定的决策群体就是人们生存的每一个家庭。其看似人类社会的最基本的群体单元，实质上是相对独立的基本经济决策单位。所以说家庭生存环境实质上就是人们生存的基本经济环境。因此我们从如下几个视角来描绘我们生存的家庭经济环境。

1. 生活水平

在家庭的经济决策中，食品是必需品，其占总支出的比重越低，就说明该家庭的生活水平越高，这是恩格尔发现的结构规律，被人们称之为“恩格尔系数”。该指标属于越小越好的逆指标，其数据虽然有部分政府统计结果，但是因口径的差距产生的偏差较大，为此我们采用消费统计的各项数据来测算获取，以保证其客观独立性及口径的一致性。

2. 居住环境

居住环境是家庭生态环境的重要方面，家庭是人类群居的基本单位，而住房等环境的营造是我们的重要支出领域。由于自然环境的差异，处于不同自然环境下的家庭，用于居住环境改善的成本存在较大的差异。所以该指标从较大的总体范围来看是一个逆向指标，即环境不差其改善的支出就越大。而从较小的范围来做个体观察，则在相同的自然环境下，个体支出越多，其对环境的改善就越好。因此在对宏观环境进行评价时，该指标就属于逆指标，而对个体环境进行评价时，该指标可以看作是正指标。因本书研究目的是对各地区进行的宏观评价，所以它是一项逆指标。

3. 持续发展环境

对生态环境的描述，一定要考虑到可持续发展的问题，而对生态演变的规律、生态环境的改善等诸多方面的知识更新与传承，都需要教育。然而在家庭较初级的低层消费中，人们是不考虑教育的，只有温饱等低层需要满足后，才有较高层次的教育支出，所以教育占家庭支出的比重往往是高层消费的体现，使用该指标进行评价既客观又容易获得数据。由于该支出越高就越有利于可持续的高质量发展，所以它是一个正指标。

上述三个方面的家庭经济支出决策，基本上反映了社会最基本的决策单位的消费行为选择。家庭经济环境是人类生存条件的重要表现，这决定着我们的观察要更加的系统、恰当。

3.1.3　社会公共环境

社会环境是指国民为自己生存创造的群体环境。在社会环境中，政府是主体，政府公共服务行为及政策导向影响着社会环境的质量。反映社会环境状态的指标很多，考虑到会存在数据真实性难以把握的情况。因此，需要寻找一些既有统计数据又可以真实反映出政府作为主体的社会环境建设情况作为观测指标。为此，用万人拥有公厕数来衡量社会的卫生环境，用人均公园绿地面积来衡量人们的生活环境，用私营企业就业人员占经济人口比重来衡量市场活跃程度的经济环境，这些指标一方面直接反映出社会环境的状态；另一方面也反映出政府作为社会主体，对于公共服务职能的履行情况和经济发展政策的执行情况。具体原因如下：

1. 公共环境

人类社会选择群居，就必然存在公共服务及为此而建设的公共设施。公共设施的内容很广，如公路、电力设备、文化广场等，都是各地政府在政绩考评中普遍使用的观测领域，会存在因追逐政绩而过度建设破坏生态环境的现象，数据的真实性可能被破坏。因此我们不能直接选择这些指标观测，而是要从易被忽略的环境必备设施的建设为观测点。所以我们选择了“万人拥有公厕数量”和“人均公园绿地面积”作为主要考察指标。这不但符合上述客观恰当的要求，还有政府的常规统计数据的测算支撑，且这两个指标都属于正指标。

2. 市场环境

人类群居的社会选择有其存在的根源，这一根源就是人类选择了市场经济。该选择将世界各国人民以商品交换的方式紧密联系在一起，可满足多样化消费的美好生活需求。因此人类的生态环境明显不同于其他动物的地方，就是市场经济的选择，我们对人类生态环境的描绘，就必然增加关于市场环境的评价了。同样市场环境的好坏，也可以从很多视角进行，有关的研究文献也很多，然而客观性和干扰因素等要求和作用都不同程度地影响着人们的各类评价。从简便、客观、可比等要求考虑，我们选择了“私有企业就业人员占经济人口的比重”来测量市场经济环境，该指标数值的大小与市场在社会的认同度有关，也与市场的发达程度有关，即市场越发达，从事市场供给的企业就越多，而企业中私有企业主要是依靠市场才能生存的，所以说私有企业的多少和规模，反映着市场的规模及发达程度。但是私有企业的多少和规模又缺乏相关的统计数据，同时也会因行业的不同，不具可比性，所以我们将在私有企业从业的人员占经济人口的比重作为观测点，不但可以反映市场的规模及人们的参与程度，还可以客观地获取数据，较恰当地衡量市场经济环境。且随着社会的进步，分工越来越细，企业将越来越多，所以该指标属于正指标。

从上述两个视角，基本可以反映出一个社会的人与人之间公共活动的基本情况，并能突出地反映出社会经济主要特征，尤其是客观真实性得到了基本保证。

3.2 各区域生态环境综合指数编制

针对上述指标利用各省份 2004 ~ 2015 年的官方统计数据，在标准化和归一化处理的基础上，运用熵权法进行综合评价计算，确定各地区的生态环境综合指数。

3.2.1 数据标准化和归一化处理

由于对现实的观察所形成的统计数据，带有不同的计量单位，所处的数据空间也常存在各种差异，直接对数据进行对比是没有任何意义的。为此我们采用相对距离来测定各个指标距离理想值接近的程度，即根据选取指标的不同性质，将其分为三类：第一类是正指标，表示指标值越大，相应环境的质量就越高；第二类是逆指标，表示指标值越大，相应环境的质量就越差；第三类是中性指标，表示该指标有一个最优的值，越接近该值则环境质量越好。各类指标的相对距离系数，也叫功效系数的计算公式如下：

正指标：

$$Q_i = \frac{X_i - X_{min}}{X_{max} - X_{min}} \tag{3-1}$$

逆指标：

$$Q_i = 1 - \frac{X_i - X_{min}}{X_{max} - X_{min}} \tag{3-2}$$

中性指标：

$$Q_i = 1 - \frac{X_i - X_{best}}{X_{max} - X_{min}} \tag{3-3}$$

式（3－1）至式（3－2）中：X_i 是各指标的原始数据，$X_{min} = \min\{X_i \mid i = 1, 2, \cdots, m\}$，$X_{max} = \max\{X_i \mid i = 1, 2, \cdots, m\}$，$X_{best}$是中性指标中选取的最优值。对标准化后的数据做归一化处理如下：

$$A = \frac{Q_{ij}}{\sqrt{\sum_{i=1}^{m} Q_{ij}^2}} = (a_{ij})_{m \times n} \tag{3-4}$$

经过上述处理后的数据，是没有计量单位差异和一般水平差异的可比数据，是我们计算指数时可以直接使用的基础数据。

3.2.2 熵权法确定权重

对于各个指标的属性及其作用程度的认识，向来都很难达到一致，为此人们探索着使用各种各类的加权方法进行综合评价。常用的加权方法可以分为两类：一类是主观赋权，如头脑风暴、层次分析、专家打分等方法；另一类就是客观赋权，主要有方差比权法和负熵权法等内容。主观的打分向来都是争议较大的做法，所以客观赋权方法就越来越受人们的欢迎。

在客观赋权中方差比的做法较为简单，即以各个指标在各单位之间的方差占总方差的比重作为权重的方法。但是该方法主要用于目标管理类的事物，因为方差越大越说明各单位之间的差距就越大，而差距越大越说明其达到目标的空间和可能性越大，所以要加以重视，是主要考核的领域，为此要给予较大的权重。

在客观赋权中熵权法是通过反映信息损失多少，以“熵”（H）来计量的反映衰减或不理想的程度信息指标。并以负熵（1－H）来计算确定权重，也是根据各项监测指标值的差异程度，确定各指标的权重。熵权计算公式为：

$$H_j = -k\sum_{i=1}^{m} f_{ij}\ln f_{ij}\text{；其中：}f_{ij} = \frac{r_{ij}}{\sum_{i=1}^{m} r_{ij}}\text{；}k = 1/\ln(m) \quad (3-5)$$

$$w_j = \frac{1-H_j}{\sum_{j=1}^{n}(1-H_j)} \quad (3-6)$$

式（3－5）、式（3－6）中，r_{ij}代表第 i 个地区第 j 个指标值（i＝1，2，…，m；j＝1，2，…，n），f_{ij}为第 i 个地区第 j 个指标值所占比重，H_j为第 j 个指标的熵，w_j为第 j 个指标权重。由于熵的计算需要针对指标数值取对数，但是当指标数值有“0”或“负数”存在时，就无法计算了。所以为了该方法的规范性和可操作性的考虑，我们采用了在标准化数据的基础上，将数据对比空间加大了一个标准差，同时也将数据整体位移了一个标准差，使得数据间的距离不变，从而避免了非正数的出现。

3.2.3 评价过程与结果分析

依照上述方法，采用 2004～2017 年《中国统计年鉴》和《中国环境统计年鉴》的相关数据，同时依据各省份的环境状况公报及城市空气质量检测报告等汇总数据进行指数测算。测算的结果见附录表 1，其图示如图 3－1和图 3－2 所示。

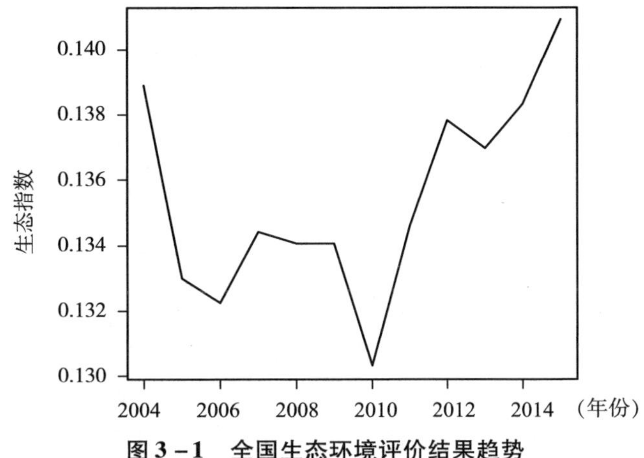

图3-1 全国生态环境评价结果趋势

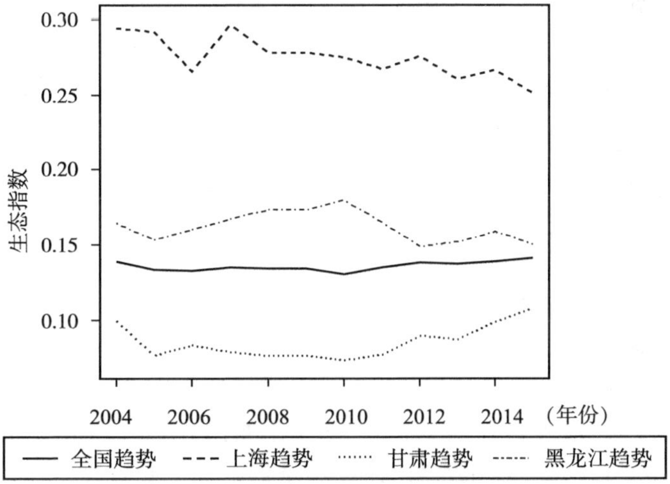

图3-2 生态环境指数各地趋势比较

图示能够更清晰地展现各省份自然环境质量的动态变化和区域差异，图3-1是使用折线图描绘的总体自然环境指数，而图3-2是将整体与典型省份指数对比的结果。通过观察可以看出如下分布特征：

（1）生态环境指数整体上在波动中略有上升。这说明近些年的环境治理还是很见效果的，即多数省份的生态环境都处在迅速提升的进程中。

（2）东南好于西北。从地区分布上看，自东南沿海地区向西北内陆地区，生态环境呈现明显的下降趋势，说明气候和水分的作用可能明显；同时，也表明森林分布在生态环境中的作用明显。

（3）全国各地自然环境普遍得到了改善，使得自然环境指数集中趋于差距较小的较高水平状态。

3.3 净碳排放的核算

在了解我国各省域自然环境现状后，需要考察自然环境形成的根源及影响因素。而大量的文献都将生态环境的主要影响因素认定在碳排放上，为了证实这类观点，我们将生态环境指数与碳源碳汇的联系作为我们考察的主要内容之一。因此，首先需要进行碳源和碳汇核算，计算出净碳排放。然后利用面板数据模型考察其对自然环境的影响是否显著，为控制净碳排放视角改善自然环境的质量提供服务。

碳源和碳汇核算的基础依据数据，都来源于 2005 ~ 2016 年中国统计年鉴、中国能源统计年鉴、中国环境统计年鉴和国研网。数据时间跨度为 2004 ~ 2015 年，地域跨度为我国 30 个省份（由于我国西藏地区无能源消费数据，而香港地区、澳门地区、台湾地区数据缺失，故这四个地区不包含在研究范围之内）。

3.3.1 碳源的核算

自然过程和人为过程都会产生碳排放量，人们将空气中流动的碳来源简称为碳源，并被联合国政府间气候变化专门委员会（Intergovernmental Panel on Climate Change，IPCC）认定为全球气候变暖的根本原因。

IPCC 编制了《国家温室气体清单指南》，指导各国核算碳排放的数量和强度。我国也编制了《国家温室气体清单指南》和《省级温室气体清单编制指南 2011》作为我们进行碳源核算的基本依据。

清单中将碳源划分为来自能源消费、工业过程、废水和固体废弃物、农业活动、自然呼吸五个方面进行核算。核算的主要依据说明如下：

1. 能源消费过程中直接排放二氧化碳

清单中的主要能源包括煤炭、焦炭、原油、汽油、煤油、柴油、燃料油、天然气、电力九种能源消费量，并列出了每种能源消费量转换成热值后的碳排放因子，进一步依据各地的能源消费统计数据和各排放因子测算出各类能源消费的碳排放量。其中对于电力来讲，除化石燃料燃烧发电直接排放二氧化碳外，在调入调出时还会产生间接的二氧化碳排放。根据《省级温室气体清单编制指南》，公式为：

$$\begin{matrix}\text{电力调入调出所带来的}\\\text{二氧化碳间接排放量}\end{matrix}=\begin{matrix}\text{省区电力调入或}\\\text{调出电量}\end{matrix}\times\begin{matrix}\text{电网平均供电}\\\text{排放因子}\end{matrix}$$

2. 工业过程碳排放

工业过程的碳核算主要核算非能源消费引起的二氧化碳排放，我们依据清单中的主要工业品进行核算。具体包括水泥、平板玻璃、生铁、粗钢和合成氨五种工业产品，其中平板玻璃原始数据计量单位为万重量箱，将其按照 1 重量箱等于 50 千克折算成万吨后参与计算。

3. 废弃物、农业活动及人口呼吸的碳排放

其他涉及的各项碳排放均可参考清单和相关文献，获得的折算系数，结合官方的各项活动的统计数据进行核算。

3.3.2　碳汇的核算

与碳源相对应的概念，就是起着碳吸收作用的碳汇。主要表现为陆地与海洋等吸收并储存二氧化碳的生态系统，以及这个系统吸收并储存二氧化碳的过程与能力。森林作为陆地生态系统的主体，通过光合作用吸收、清除大气中的二氧化碳，相比耕地、林地、草地等吸收能力更强，是最重要的碳汇物质。人类的生产生活过程产生了大量碳源，为了维持生态系统的平衡，需要有大量碳汇吸收碳，为此，国家主体功能区建设确定 25 个国家级重点生态功能区，涉及 672 个县级行政区，占国土面积的 53%，多是森林覆盖率较高的地区，以更好保持全国的碳汇能力，维持整个生态系统的碳平衡。

根据《2006 年 IPCC 国家温室气体清单指南》中土地利用类型的分类，将土地分为林地、草地、湿地、聚居地、农田、其他六种类型，并从中获得了六类土地的碳汇折算系数。结合各地官方公布的六类统计数据，分别核算并汇总出各地的碳汇数据。

3.3.3　净碳排放

净碳排放是碳源总量减去碳汇总量所得。当某地区净碳排放大于 0

时，生态环境表现为碳源作用；当某地区净碳排放小于0时，生态环境表现为碳汇作用。30个省域2004～2015年净碳排放汇总结果见附录表2。

3.4 环境质量指数与净碳排放的关系探究

生态环境的质量指数是反映自然环境直观内容的质量水平评价指标，净碳排放是以一种较统一的口径反映环境内在的根源性的状况指标。要证实这种关系需要做出如下处理。

3.4.1 模型及变量的选择

考虑到地域自然条件对生态环境的影响，在进行碳对生态影响的分析时，还要加入各样本点的空间位置等因素。中国地理学家胡焕庸先生1935年在《地理学报》的经典论文《中国人口之分布》中，刻画出一条起于东北黑龙江省黑河市至西南云南省腾冲市的中国人口地理分界线，以该胡焕庸线为界，将西藏、新疆、内蒙古、甘肃、宁夏、青海这五个省份归为西北地区，其他省份归为中部和东南地区；再将东南沿海地区划分出来，由此将中国从地理空间上按照自然形成的三级台阶，即地势最低的为一级阶梯的东南沿海地势、地势最高的为第三阶梯的西北高原地势，处于第二阶梯的是东北和中部地区。实证时引入两个虚拟变量，以区分出这三类地区，同时由于西藏地区数据的缺失，仅考虑剩余30个省份，利用前面所核算的自然环境指数、净碳排放量和各省份的主要宏观面板数据，研究碳平衡对自然环境的影响与社会生产活动对人类生活的影响等关系。

3.4.2 模型的估算与检验

考虑到可能影响生态质量的各种宏观因素，我们从碳排放、生产水平、居住地区、影响生存状况的重要政策等视角，来构建全国生态指数的决定模型，并经过各类检验，以及混合效应与固定效应的对比，得到模型一的具体形式如下：

$$\begin{aligned} stzs = {} & 0.06433 - 0.0000003088 \times jpf + 0.03188 \times rjddp - 0.001513 \times rjddp^2 \\ & - 0.04604 \times zfzc + 0.01527 \times zbdq + 0.3949 \times dnyh + e \end{aligned} \tag{3-7}$$

式（3－7）中，stzs 为生态环境指数，jpf 为净碳排放量，rjddp 表示各地人均生产总值，zfzc 为住房等政策性变量，zbdq 和 dnyh 为地理位置虚拟变量（其中 zbdq 为我国中部和东北等位于第二级地势的地区，dnyh 为处于第一级阶梯地势的东南沿海地区），当 zbdq = dnyh = 0 时，表示该样本地区位于西北部高原地区。

模型的质量决定了我们分析结果的可信程度，所以在模型构建过程中，必须进行一系列的检验工作，以保障模型的质量达到我们要求的95%的把握水平。具体的检验如下：

1. 模型一的经济意义检验

经济意义检验，主要是看模型的构建是否符合理论的要求，模型中的各个构成要素是否符合现实的经验或理论设想等内容。具体结果如下：

第一，我们的模型是依据社会生存环境与其最可能的决定因素构建的，各组成部分的构成形式也符合经济理论的要求。

第二，模型的各个构成要素的经济意义合理，能够解释现实环境形成理论。

第三，该模型中各个参数的经济意义合理，符合常规，测算结果也不存在任何矛盾问题。

2. 模型一的统计显著性检验

统计检验主要是利用统计假设检验的方法，对模型的主要构成变量进行的作用检验。具体结果如表 3－1 所示。

表 3－1 中的检验结果说明如下：

第一，对各个解释变量在不显著的假设下，进行的 T 检验，所有检验的结果都是以 99.96% 以上的把握程度否定了不显著的原假设。

第二，对所有的解释变量进行整体性 F 和 R^2 检验，都具有很高的显著性，说明模型整体上显著成立，且把握程度接近 100%。

结合每个解释变量和所有解释变量的显著性，说明该模型在统计上是显著成立的。

3. 直接反映模型一质量的残差项检验

质量好的模型，应该是经济意义合理、统计上显著的模型，同时模型的残差项应该是符合基本假设的。即高质量的模型在解释变量较全面地解答了研究对象的变动外，所剩余的残差项就应该是纯随机的、服从正态分布的、同方差性的、无自相关性的随机变量。我们在此对该模型的残差项，首先进行了正态性检验，认定其是服从正态分布的；其次进行了异方

表 3 –1　　生态决定模型的检验

<table>
<tr><td>线性回归</td><td colspan="2">lm(formula = gs1 , data = zsfxsj)</td><td>公式</td><td colspan="3">gs1 = stzs ~ jpf + rjddp + $rjddp^2$ + zfzc + zbdq + dnyh</td></tr>
<tr><td rowspan="2">残差分布</td><td>特征名称</td><td>最小值 min</td><td>四分位数 1Q</td><td>中位数 median</td><td>四分位数 3Q</td><td>最大值 max</td></tr>
<tr><td>特征值</td><td>-0. 096345</td><td>-0. 018008</td><td>-0. 001949</td><td>0. 018452</td><td>0. 112287</td></tr>
<tr><td rowspan="8">系数检验</td><td>对应变量 Coefficients</td><td>估计
Estimate</td><td>标准误
Std. Error</td><td>t 统计量
t value</td><td>累计概率
Pr(> |t|)</td><td>显著水平</td></tr>
<tr><td>截距 Intercept</td><td>6. 433e -02</td><td>5. 604e -03</td><td>11. 480</td><td>< 2e -16</td><td>***</td></tr>
<tr><td>碳排放 jpf</td><td>-3. 088e -07</td><td>8. 602e -08</td><td>-3. 590</td><td>0. 000377</td><td>***</td></tr>
<tr><td>人均地区增加值 rjddp</td><td>3. 188e -02</td><td>2. 717e -03</td><td>11. 733</td><td>< 2e -16</td><td>***</td></tr>
<tr><td>$rjddp^2$</td><td>-1. 513e -03</td><td>2. 551e -04</td><td>-5. 931</td><td>7. 17e -09</td><td>***</td></tr>
<tr><td>住房政策 zfzc</td><td>-4. 604e -02</td><td>3. 907e -03</td><td>-11. 783</td><td>< 2e -16</td><td>***</td></tr>
<tr><td>中部地区 zbdq</td><td>1. 527e -02</td><td>4. 059e -03</td><td>3. 762</td><td>0. 000197</td><td>***</td></tr>
<tr><td>东南沿海地区 dnyh</td><td>3. 949e -02</td><td>4. 732e -03</td><td>8. 344</td><td>1. 64e -15</td><td>***</td></tr>
<tr><td>水平代码</td><td>0: “ *** ”</td><td>0. 001: “ ** ”</td><td>0. 01: “ * ”</td><td>0. 05: “. ”</td><td>0. 1: “　”</td><td>1: “ ”、</td></tr>
<tr><td colspan="3">残差估计标准误差 Residual standard error</td><td>0. 02812</td><td colspan="2">残差自由度
degrees of freedom</td><td>353</td></tr>
<tr><td colspan="3">总判定系数 Multiple R - squared</td><td>0. 6416</td><td colspan="2">调整的判定系数
Adjusted R - squared</td><td>0. 6355</td></tr>
<tr><td colspan="2">F 检验统计量 F - statistic</td><td>105. 3</td><td>F 的自由度
DF</td><td>6 & 353</td><td>外侧累计概率</td><td><2. 2e -16</td></tr>
</table>

差性的检验，发现残差项并不存在异方差性；最后进行了残差项的自相关性检验，即不存在自相关现象，说明模型的动态关系恰当合理。具体内容如下：

```
e1 < - resid(lm(gs1,tfxsj))
PP. test(e1)
Phillips - Perron Unit Root Test
data:e1
Dickey - Fuller = -15. 265,Truncation lag parameter =5,p - value =0. 01
```

残差项平稳性检验的 p 值小于 0. 05，否定了序列不平稳的原假设，所以建立的模型属于平稳的协整系统。其他各检验效果如图 3 –3 所示。

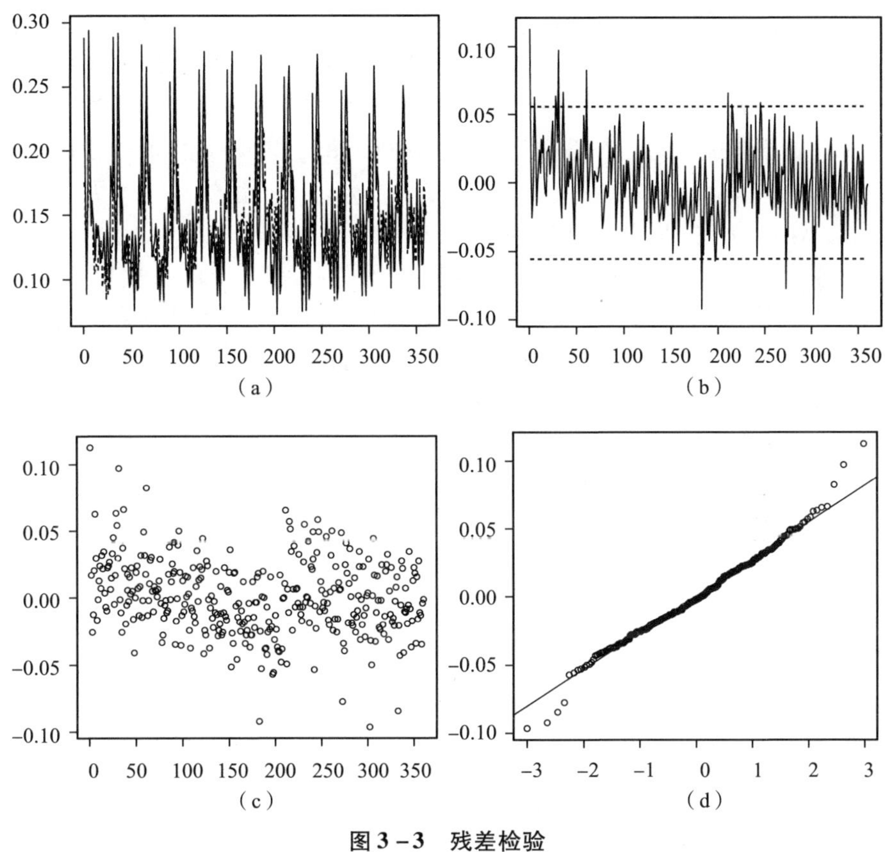

图3-3 残差检验

4. 模型一参数的稳定性检验

模型的参数是对经济规律的估计，作为规律性的内容，其在不同的时空都应该是稳定的。所以有关参数的检验，主要是对不同的时空数据所估算的参数是否稳定的检验。这里对所有的参数都进行了稳定性的检验，且检验的效果都很好。

通过上述的一系列检验，表明该模型的质量较好，我们可以放心使用该模型了。

3.4.3 模型一的结果分析

根据式（3-7）中的各个回归系数的经济含义，结合其检验的相关数据，可以得到如下分析结论：

第一，常数项为 0.06433，且该数值接近于 0 的可能性几乎为 0。说明模型并未包含所有的解释变量，但是各主要解释变量所能解释的程度达到了 63.55%，即未选解释变量的解释程度只占 36.44%。

第二，碳排放的回归系数为 -0.0000003088，表明碳的净排放每增加一个单位，就会使我们的生态环境下降千万分之三。虽然数字不大，但是作用显著，结论的把握程度达到了 99.97%。

第三，地区人均生产总值的回归系数有两个。一是一次项系数为 0.03188，表明创收能力的单位提高，会使生态环境改善 3.188%；二是平方项的回归系数为 -0.001513，表明按照现有的生产方式，持续提高创收水平的话，会在人均收入水平达到 rjddp = 10.5 万元之后，使生态环境变得恶化。这些结论的把握程度都几乎达到了 100% 的把握。具体如图 3 -4 所示。

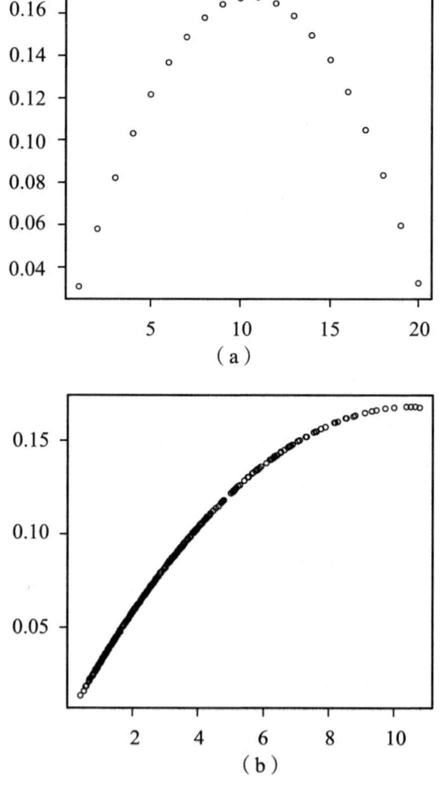

图 3 -4 生产能力对生态作用

第四，中国处在亚洲大陆的三级台阶上，其中处在第二级台阶的中部和东北地区的生态环境要较西部高原增加 0. 01527（即 1. 53%）的质量水平。同样，处于东南沿海的第三级台阶上各省区的区位回归系数为 0. 03949，即较中部地区又要高出 2. 422%，说明东南沿海地区更适合人类居住，这也可能是水资源丰富更具碳汇功能的原因吧。

第五，宏观政策虚拟变量 zfzc，是依据全国生态指数的转折区间设定的，检验的效果很明显。所以该变量是反映 2011 年为分界线的政策作用变量，查找相关文献发现涉及生态的宏观经济政策主要有住房的限购和解限、节能环保等政策，但是其回归系数为负值 -0. 04604，且作用显著。说明各项政策的负效应大于正效应，分析其主要的原因就是住房等非市场性干预造成的影响很多。

第 4 章

政策行为对生态环境的影响分析

随着环境污染的日益加剧和可持续发展观念的深入人心，加大环境治理投资力度成为各级政府的普遍共识。我国在环保方面的财政支出由 2007 年的 995.82 亿元增长到 2015 年的 4802.89 亿元。支出总量逐年递增，但支出比例却一直维持在 2.5% 左右，和其他各项支出相比，该比例并不算高。其效果如何，还需要我们从投入产出和因果关系上，做进一步的分析。通过第 2 章的分析可知，政策性作用、碳平衡和生产能力的提高，是显著影响生态环境的三个人为因素。为此本章主要从这三条路径上，分节研究生态环境质量提高机理。

4.1 改变碳平衡的政策性绩效分析

环境改善的投入是指政府在环境治理各方面的耗费和作为，其中对环境污染治理的各项投资，可以看作是政府对环境改善的直接作为；而环保税收等政策性规制建设，则可以看作政府对社会参与者的约束，属于政府对环境改善的间接作为。产出是指自然环境改善的结果和质量，即生态环境指数的提高程度。同样节能减排和生产能力的提高，也可以看作是对环境治理的间接的产出结果指标。

从投入产出的效益评价出发，选取部分政策性统计观察点，经因子分析降维提取政府环境治理方面的主要因子，然后进行回归分析研究政府环境治理的成效。具体内容如下：

4.1.1　主要观察指标

从维持碳平衡的视角观察政府环境治理的政策途径有两个：一是限制减少碳源，主要政策就是环境保护税、资源税、耕地占用税等限制性的约束方法；二是鼓励增加碳汇，主要是林业投资等行为。

环境保护税是针对在我国领土、领空和领海直接排放应税污染物的生产经营者征收的相关税种，自2018年1月1日开始实施。资源税体现了自然资源的有偿占用，其课征范围由矿产资源到水资源，在不断地扩大。耕地占用税是政府运用税收经济杠杆调节占用者的经济利益，引导他们节约、合理地使用耕地资源。结合相关研究和数据的完整性，选取出能直接反映政府环境治理行为的地方财政环境保护支出、工业污染治理投资、资源税、耕地占有税、城镇环境基础建设等观察指标。由于较强的碳汇物质就是森林，所以我们主要选取林业投资指标作为基本的观察指标。选取的各观察指标如表4-1所示。

表4-1　内部政策评价指标

政府投入指标（亿元）	含义
地方财政环保投入	衡量各地区的环境规制强度
工业污染治理投资	工业新老污染源治理工程投资
城镇环境基础设施	城镇环境基础设施建设所投入的资金
地方财政资源税	政府对自然资源使用者的规制
地方财政耕地占用税	政府对耕地使用者的规制
林业投资	政府对环境的优化治理

由于地方财政环境保护支出与以往年份相比，2007年财政收支科目实施了较大改革，特别是财政支出项目口径变化很大，因此，2007年以后年度一般公共预算收支数据与以前年度数据不可比。为此自国家统计局数据库及《中国环境统计年鉴》，获取了2007～2015年全国30个省份（西藏地区、台湾地区、香港地区、澳门地区由于数据缺失，不包括在分析之内）的基本分析数据，并做测算和检验如下：

4.1.2 方法实用性检验

利用KMO和巴特利特的方法对因子分析适用性的检验，即将各指标分别进行中心标准化，检验巴特利特球形度的显著性水平为0，表明相关系数矩阵是非零矩阵和非单位矩阵。KMO测度值为0.763，大于0.7，表示因子分析效果会很好；同时巴特利特概率 <0.05，也说明该方法可用。具体的检验数据如表4－2所示。

表4－2　　KMO和巴特利特检验结果

KMO取样适切性量数	0.763
巴特利特球形度检验	478.426
	15
	0.000

同时，通过公因子方差表得到每个原始指标在分析中提取信息的程度，每个公共因子都提取了超过50%的信息。且因子的方差累计贡献度已经达到64.538%。相关的分析结果如表4－3和表4－4所示。

表4－3　　因子贡献分析

因子	特征值	方差贡献率（%）	累计方差贡献率（%）
F_1	2.418	40.298	40.298
F_2	1.454	24.239	64.538

表4－4　　旋转后的因子载荷阵

指标	F_1	F_2
城镇环境基础设施	0.803	0.006
工业污染治理	0.752	0.212
环保支出	0.749	0.158
资源税	0.549	0.445
林业投资	0.014	0.895
耕地占用税	0.586	0.621

从旋转后的因子载荷阵可以看出第一个因子在耕地占用税、工业污染治理、资源税上有较大载荷，反映政府在碳源方面的治理，属于减少碳源为目的的制约性因素，所有我们称之为环境制约因子；第二个因子在环境优化和增加碳汇的治理上有很大载荷，因此我们称之为环境的优化因子，因子得分系数如表4－5所示。

表4－5　因子得分系数

符号	指标	F_1	F_2
X_1	耕地占用税	0.108	0.360
X_2	资源税	0.147	0.215
X_3	环保支出	0.351	-0.109
X_4	工业污染治理	0.334	-0.062
X_5	城镇环境基础设施	0.431	0.264
X_6	林业投资	-0.292	0.796

依据因子得分系数，可得到如下两个因子得分表达式：

$$F_1 = 0.108X_1 + 0.147X_2 + 0.351X_3 + 0.334X_4 + 0.431X_5 - 0.292X_6 \tag{4-1}$$

$$F_2 = 0.360X_1 + 0.215X_2 - 0.109X_3 - 0.062X_4 - 0.264X_5 + 0.796X_6 \tag{4-2}$$

由得分表达式可知，在环境制约的碳源减少因子 F_1 中，城镇环境基础设施、财政环保支出、工业污染治理发挥着重要的作用，在环境优化的碳汇增加因子 F_2 中，主要是林业投资和耕地占用税在发挥重要的作用。

4.1.3 作用模型的构建

根据因子分析的结果，进一步分析政府行为对环境的实际影响。被解释变量选择净碳排放量，解释变量选择制约环境的碳源减少因子、优化环境的碳汇增加因子。环境制约因子表示政府从碳源角度出发对环境治理的投入；环境优化因子代表政府从碳汇角度出发对环境治理的投入。

为研究政府环境治理投入与治理效果的关系，进而反映政府在环境治理方面投入是否有效，建立面板数据模型。面板模型分为固定效应、随机效应、混合效应三种形式。由于随机效应的经济意义不明，规律性不强，所以这里仅考虑固定效应和混合效应两种模型的比较。二者的模型形式如下：

混合效应面板模型：

$$PC_{it} = \beta_0 + \beta_1 F_{1it} + \beta_2 F_{2it} + \beta_3 F_{1it}^2 + \beta_4 F_{2it}^2 + \beta_5 F_{1it}^3 + \beta_6 F_{2it}^3 + \varepsilon_{it} \quad (4-3)$$

固定效应面板模型：

$$PC_{it} = \beta_i + \beta_1 F_{1it} + \beta_2 F_{2it} + \beta_3 F_{1it}^2 + \beta_4 F_{2it}^2 + \beta_5 F_{1it}^3 + \beta_6 F_{2it}^3 + \varepsilon_{it} \quad (4-4)$$

式（4-3）、式（4-4）中：F_{1it}、F_{2it}分别表示第 i 个省份第 t 年的环境制约因子和环境优化因子。PC_{it}表示第 i 个省份第 t 年的净碳排放。β_0、β_i 是模型中未包含的影响碳排放量的固定效应，且假设这些因素不随时间的推移而发生变化，只具有显著的区域差异。

4.1.4 作用模型的估算与检验

首先，对面板模型进行 F 检验，原假设为面板数据各个截面间不存在显著差异，即面板数据适合固定效应模型。检验结果显示一致拒绝原假设，面板数据各截面存在显著差异，应选择固定效应面板模型，面板数据模型设定检验结果，如表 4-6 所示。

表 4-6 面板数据模型设定检验结果

项目	F 统计量	Pr(> |F|)
固定效应 vs 混合效应	889.29	2.2e-16

其次，混合效应面板模型中因子 1 的平方项和立方项均未通过 t 统计量检验，固定效应面板模型中所有的解释变量均通过了检验，并且拟合优度大于混合效应面板模型的拟合优度。二者模型整体的 F 检验均通过。

总体看来，固定效应面板模型是更为合适的选择。通过 R 进行模型的估计，汇总得到的检验信息如表 4-7 所示。

表 4-7 统计检验对照

因子	混合效应	固定效应
β_0	-0.554701(0.00015 ***)	
F_{1it}	1.010487(3.6e-09 ***)	0.0833729(0.0043643 **)

续表

因子	混合效应	固定效应
F_{2it}	-0.962093(8.3e-08 ***)	0.0913685(0.0003051 ***)
$I(F_{1it}^2)$	0.420322(0.0122953 *)	0.1006452(8.983e-06 ***)
$I(F_{2it}^2)$	0.046764(0.7261016)	-0.0620081(0.0001247 ***)
$I(F_{1it}^3)$	-0.133241(0.0018675 **)	-0.0145899(0.0047630 **)
$I(F_{2it}^3)$	0.011486(0.5541037)	0.0063069(0.0044939 **)
R^2	0.24862	0.32848
Pr(> |F|)	2.7102e-14	<2.22e-16

注：括号内表示各系数估计的显著性水平。

最后，模型的单位根检验。传统的回归分析往往隐含着各变量平稳的基本假设。而在面板数据建立回归模型时，既包含截面数据，又包含时间序列，很可能使本来没有关系的变量纳入回归方程中，且通过 t 检验，从而造成伪回归的现象。因此在模型估计后，需要对残差项进行单位根检验，以确保其平稳性，才是有效的回归。这里使用了 Dickey - Fuller 的 ADF 检验结果如表 4-8 所示。

表 4-8　残差平稳性检验

变量	Dickey - Fuller 统计量	p-value
残差项	-10.337	<0.01

残差项平稳性检验的 p 值小于 0.05，否定序列不平稳的原假设，所以模型是协整回归，分析是有效的。

4.1.5　政策作用方向的分析

根据前面的分析，确定的固定效应面板模型为我们分析使用的模型二，具体形式如下：

$$PC_{it} = 0.0834F_{1it} + 0.0914F_{2it} + 0.1006F_{1it}^2 - 0.0620F_{2it}^2 - 0.01459F_{1it}^3 + 0.0063F_{2it}^3 + \beta_i \tag{4-5}$$

按照截距项从大到小排列得到表 4-9，由各地区的不同截距反映出各省份自有的生态环境水平。表中第一列的省域自身环境状态表现为碳排放，碳源作用大于碳汇；第二列的省域自身环境状况表现为碳吸收，碳汇作用大于碳源。各省份应该根据各自的环境基础采取合适的对策。

表 4－9　　固定效应面板模型中 30 个省份的 β_i 值

省份	β_i	省份	β_i
河北	2.717802	贵州	－0.129429
山东	2.5103982	陕西	－0.15496
江苏	1.9689716	海南	－0.19597
山西	1.8125231	青海	－0.212535
辽宁	1.317462	甘肃	－0.322679
上海	1.0824106	湖南	－0.365925
河南	0.8753686	新疆	－0.577005
浙江	0.7762553	江西	－0.714678
天津	0.7601311	福建	－0.949824
广东	0.5817765	广西	－1.510165
北京	0.5162406	吉林	－2.342858
宁夏	0.441766	内蒙古	－3.497153
安徽	0.432642	四川	－4.503607
湖北	0.2719075	黑龙江	－4.63004
重庆	0.0610448	云南	－4.68936

根据构建的固定效应面板模型，模型中含有两个因子的二次方项和三次方项，为分别分析两个因子不同的作用机制，将其分为两部分进行分析。为更清晰地观察各因子的作用机理，将两部分的作用机制用图形表示出来，如图 4－1 所示。

由图形可以看出，随着环境制约因子变大，净碳排放量逐渐减少；相反，随着环境优化因子变大，净碳排放量逐渐增多。两种因子的作用机制相反，环境制约因子和环境优化因子的作用过程都可分为三个阶段：

（1）在环境制约或优化因子远远小于 0 时，净碳排放量变化的速率很大，表示净碳排放量对因子的变动很敏感。随着因子变大，净碳排放变动速率逐渐减小，敏感度变小。

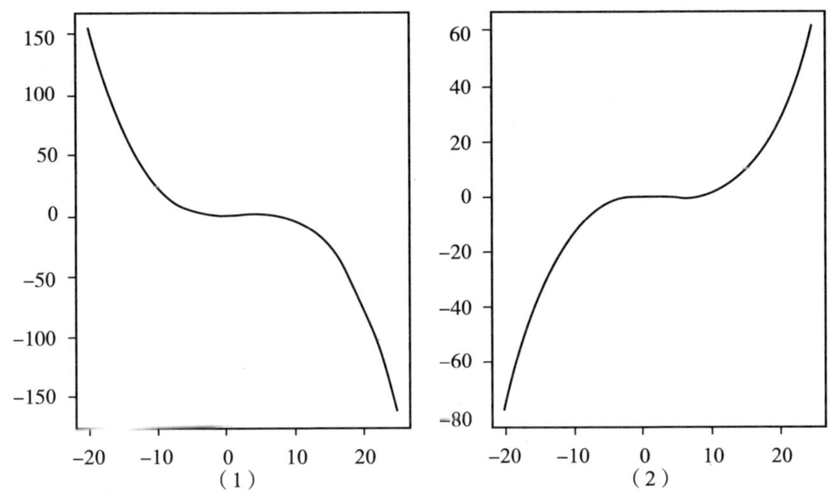

图 4－1　环境制约因子和优化因子作用机理

（2）在环境制约或优化因子在 0 的附近时，净碳排放量的波动很小，表示净碳排放量对因子变动不够敏感。

（3）在环境制约或优化因子远远大于 0 时，净碳排放量变化的速率很大，表示净碳排放量对因子的变动很敏感。随着因子变大，净碳排放变动速率逐渐变大，敏感度变大。

净碳排放和环境制约因子、环境优化因子之间的动态影响作用，反映了政府的不同环境治理行为——环境制约和环境优化对自然环境的作用机制不同。

政府的环境制约行为有利于环境的改善，政府的环境优化行为对环境的当期作用不明显。对于环境优化行为的作用，进行进一步分析。

考虑到环境优化行为的滞后性，选择 2007～2015 年的净碳排放量与 2004～2012 年的林业投资进行相关性分析。

分析结果如表 4－10 所示。

由相关性分析可以看出，滞后三年的林业投资和净碳排放量之间存在着显著的负相关关系。即政府投入林业投资可以促进碳吸收，进而提高自然环境的质量。因此可以推断出政府的环境优化行为从较长期来看是有效的。

表 4-10 优化策略相关分析

项目		林业投资	净碳排放
林业投资	皮尔逊相关性	1	-0.181**
	显著性（双尾）		0.003
	N	270	270
净碳排放	皮尔逊相关性	-0.181**	1
	显著性（双尾）	0.003	
	N	270	270

注：** 表示在 0.01 级别（双尾），相关性显著。

4.2 改善碳平衡的产业政策分析

从宏观上观察整体的经济行为，最为概括的就是产业结构的选择。而从产业特性上看，第一产业是主要的碳汇产业，第二产业则是主要的碳源产业。这种猜想需要我们做出可信度较高的验证。

4.2.1 验证模型的估算

考虑以第 3 章核算出的净碳排放 PC 指标为被解释变量，以第一、第二、第三产业的增加值比重为解释变量，来构建各产业比重影响碳排放的回归方程，来验证我们猜想的产业结构对碳平衡的影响方式。检验中发现第三产业对碳排放的作用并不显著，进行必要调整后的具体验证结果如下：

$$jpf = 21297 \times c_2 - 116641 \times c_1 \quad (4-6)$$

该式我们称之为模型三，其估算和检验的结果表明：

在现有的经济技术水平和产品消耗结构下，第一产业增加 1% 的占比，碳排放将减少 116641 吨；第二产业增加 1% 的占比，碳排放将增加 21297 吨。

4.2.2 分析方程的显著性检验

对该模型三各主要因素进行是否符合基本假设，以及经济意义等相关的一系列显著性检验，表明该模型三的有效性和可用性，具体的报告如表 4 – 11所示。

表 4 – 11　　　产业政策决定碳平衡模型的检验表

<table>
<tr><td>线性回归</td><td colspan="2">lm(gs3, zsfxsj)</td><td>公式</td><td colspan="3">$gs3 = jpf \sim c_1 + c_2$</td></tr>
<tr><td rowspan="2">残差分布</td><td>特征名称</td><td>最小值 min</td><td>四分位数 1Q</td><td>中位数 median</td><td>四分位数 3Q</td><td>最大值 max</td></tr>
<tr><td>特征值</td><td>–42349</td><td>–3851</td><td>2767</td><td>9380</td><td>36343</td></tr>
<tr><td rowspan="3">系数检验</td><td>对应变量 Coefficients</td><td>估计
Estimate</td><td>标准误
Std. Error</td><td>t 统计量
t value</td><td>累计概率
Pr(> |t|)</td><td>显著水平</td></tr>
<tr><td>一产比重 c_1</td><td>–116641</td><td>13551</td><td>–8. 608</td><td>2. 39e – 16</td><td>***</td></tr>
<tr><td>二产比重 c_2</td><td>21297</td><td>3691</td><td>5. 770</td><td>1. 72e – 08</td><td>***</td></tr>
<tr><td>水平代码</td><td>0：“ *** ”</td><td>0. 001：“ ** ”</td><td>0. 01：“ * ”</td><td>0. 05：“. ”</td><td>0. 1：“　”</td><td>1：“ ”</td></tr>
<tr><td colspan="3">残差估计标准误差 Residual standard error</td><td>17520</td><td colspan="2">残差自由度
degrees of freedom</td><td>358</td></tr>
<tr><td colspan="3">总判定系数 Multiple R – squared</td><td>0. 1892</td><td colspan="2">调整的判定系数
Adjusted R – squared</td><td>0. 1846</td></tr>
<tr><td colspan="2">F 检验统计量 F – statistic</td><td>41. 76</td><td>F 的自由度
DF</td><td>2 & 358</td><td>外侧累计
概率</td><td><2. 2e – 16</td></tr>
</table>

其他的有关残差项的检验结果都很理想，说明该模型恰当地反映了产业决策对碳排放的决定作用，进而又影响到了生态环境的自然领域。

4.2.3　经济意义分析

通过式（4 –6）我们可以做出如下具体分析：

首先，从模型三的回归系数符号上看。由于第一产业是以生产碳汇产品为主的，所以其产量的提升就是增加碳汇的能力。而第二产业的生产过程往往会产生大量的碳排放，所以该期间的第二产业的增加，就会伴随着碳源的增长。

其次，从回归系数的数值比较上看。一产的偏回归系数大于二产的偏回归系数 5 倍，说明该样本期间的一产作用明显大于二产，即一产的作用是二产的 5 倍。

由于一产的碳汇作用大于二产的碳源作用，所以说增加碳汇才是改善生态环境的重要途径。从这一视角出发，一产是目前改善环境的重要领域，应该扩大第一产业的比重，尤其是碳汇能力较强的林业和水利等项目的占比。

4.3 生产能力的政策性决定分析

从式（3－7）所表达的模型一中可知，生产能力越强生存环境就越好，这也是人类与自然进行斗争所争取到的生存空间。为测试产业结构对整体生产能力的影响，我们进一步构建了以各个产业比重为影响因素的检验方程。

4.3.1 生产能力检验方程的估算与检验

反映全社会生产能力的统计指标就是人均国内生产总值，而第一、第二、第三产业的生产总值是国内生产总值的组成内容，其所占比重在生产能力水平形成中的作用，是我们关心的生产结构问题。

为此我们将各产业的生产比重作为解释变量，来构建宏观生产能力的检验方程，具体形式和估算结果如下：

$$rjddp = 274.8036 \times c_1 + 291.3713 \times c_2 + 299.6334 \times c_3 + 0.7044 \times dnyh + 1.7909 \times zfzc - 290.4403 \quad (4-7)$$

该模型是本书的第四个分析模型，我们简称为模型四，其显著性检验结果如表4－12所示。

表4－12　　生产能力的显著性影响检验

线性回归		lm(formula = gs3, data = tfxsj)		公式	$Gs3 = rjddp \sim c_1 + c_2 + c_3 + fw3 + zfzc$		
残差分布		特征名称	最小值 min	四分位数 1Q	中位数 median	四分位数 3Q	最大值 max
		特征值	－3.0084	－0.6530	－0.0397	0.6202	3.6853
系数检验	对应变量 Coefficients		估计 Estimate	标准误 Std. Error	t统计量 t value	累计概率 Pr(> | t |)	显著水平
	截距 Intercept		－290.4403	132.5179	－2.192	0.0291	*
	一产比重 c_1		274.8036	132.5685	2.073	0.0389	*

续表

系数检验	二产比重 c_2	291. 3713	132. 5085	2. 199	0. 0285	*
	三产比重 c_3	299. 6334	132. 5061	2. 261	0. 0243	*
	东南沿海地势 dnyh	0. 7044	0. 1186	5. 940	6. 8e－09	***
	住房政策 zfzc	1. 7909	0. 1125	15. 922	<2e－16	***
水平代码	0：“ *** ”	0. 001：“ ** ”	0. 01：“ * ”	0. 05：“. ”	0. 1：“ 　”	1：“ ”
残差估计标准误差 Residual standard error			1. 019	残差自由度 degrees of freedom		354
总判定系数 Multiple R－squared			0. 7842	调整的判定系数 Adjusted R－squared		0. 7812
F 检验统计量 F－statistic		257. 3	F 的自由度 DF	5 & 354	外侧累计概率	<2. 2e－16

其他检验的效果也都很理想，说明该模型反映了人均生产总值所代表的生产能力，是由三次产业的结构及自然环境和政策共同作用决定的。

4. 3. 2　实证结果分析

对模型四的各参数及其经济含义分析如下：

第一，在各产业的回归系数中，第三产业所起作用最大，是该样本期间内和未来的较长时间内提高生产能力的主要途径。

第二，东南沿海地区的自然条件，也是生产能力提高的显著性因素。而将式（4－7）与式（3－7）做比较，变量 dnyh 的作用方向在两个方程中的方向是相同的，也说明了自然环境对生产和生存的作用也是同方向的。

第三，宏观政策性虚拟变量的作用也比较显著，但是其作用方向是直接促进生产能力提高的。同样比较式（4－7）与式（3－7）中的 zfzc 项的回归系数，是方向相反的。表明在生产方程中，该虚拟变量有利于生产者的保护性政策；而在生态环境方程中，该虚拟变量不利于消费者的副作用因素。这种情况表明该政策是鼓励生产限制消费的宏观管理政策。这需要我们在政策管理中，要兼顾产消双方的利益诉求，来折中处理。

4.4 生态环境决定的内在机理及对策分析

对生态环境的状态及其与碳平衡、生产能力、地方政策之间的关系等进行分析，都属于内在运行机理的研究。从中发现的问题，就是我们通过政策性手段加以解决的重点。

4.4.1 有关实证结果的说明

通过上述模型一到模型四的实证研究，我们可以从中得到以下发现：

（1）在样本期间自然环境质量与净碳排放之间呈现负相关的关系。

（2）政府的不同环境治理行为——环境制约和环境优化等政策安排，对自然环境的作用机制不同。而2004～2015年12年的环境制约等减排行为虽然得到了一定程度的重视，但是有关环境优化的增汇行为，却没有得到广泛的认同，从而导致碳排放整体上大于碳汇的结局。

（3）农业活动是碳汇的主要领域，尤其是森林的碳汇能力很强，要加大林木的种植和绿化工作。

（4）第三产业是提高生态质量的重要领域，要在市场均衡的条件下，大力倡导第三产业的发展和壮大。

（5）任何政策都是一把“双刃剑”，在保护生产者的同时，往往会损害消费者的利益。所以要将政策安排与市场主体的各方利益综合考虑，做到公平合理。

4.4.2 对策建议说明

在真正地让市场在资源配置中起主导作用，更好地发挥政府保护市场的作用的思想指导下，依据实证中发现的主要问题，提出以下的政策建议：

1. 构建统一评价标准，编制国家环境数据库

在数据收集处理进行分析的过程中，发现我国关于区域自然环境的数据没有统一的口径、健全的准则。在空气质量指数、水质、土壤质量等直接相关数据，相关部门仅提供了一部分重点城市的信息。在碳源、碳汇核算方面，我国学者一般是依据 IPCC 进行核算，没有形成符合我国国情的核算标准和参考。因此，建议政府部门提高环境监测的技术，扩大环境监测的范围。遥感控制环境相关的信息构成数据库，统一组织编制评价，定期公布和更新信息。

2. 维持碳平衡重点在碳汇

多数文献的研究重点都放在节能减排上，而减排的同时就必然影响到人类的一些正常生活和生产活动。在我们的研究中，碳的平衡是由碳源和碳汇两个方面决定的，因此必须从两个方面来维持。碳汇的增加需要普遍的绿化和植树来完成，不是简单地划定几个禁止开发区所能解决的。从模型的各系数上看，碳汇的系数明显且作用较大，这也说明现行的主体功能区划的管理方式，满足不了碳平衡的需要。因此在进行碳排放标准化管理的同时，注重碳汇能力的提高。即好的自然环境需要减少碳排放和增加碳汇能力来实现，政府部门应设定碳平衡的标准，强化碳平衡的责任，健全环保信用评价、信息强制性披露、严惩重罚等制度。同时也要加大环保技术研发力度，提升整体环保技术水平，并激励企业对环保技术的更新换代。

3. 大力营造青山绿水就是金山银山的文化理念

青山绿水是自然风光的写照，维护自然是保护环境的根本出发点，即使是规划的优化开发区域，也不能放弃自然环境的恢复和优化。如北京等超大规模的老城区域，也要以尽可能的方式增加碳汇的能力，这样的区位优化是以自身的碳平衡为目标。在老城区生活的人们，指望着千里之外的青山绿水来维持平衡是不可能的，也是宏观管理中对主体功能区划的错误理解。因此从长远出发，政府应该考虑增加林业等碳汇能力培育的投资，同时应评估各项环境治理支出的使用效率，以起到监督和保障作用。

第 5 章

区域之间的政策协调效果分析

由于各地区的自然条件与主体功能不同，其产业结构和社会福利水平也是不同的。然而对不同功能区之间的比较与评价却是区域管理的主要信息。传统的做法就是比较其 GDP 的高低，而在 GDP 的攀比竞赛中，由于宏观管理只是注重生产的总量规模，由此而产生了大量的项目重复建设、非专业化、非市场化、产能过剩等不理性的状态。所以说唯 GDP 统计评价的弊端，令人们重新思考幸福感的统计评价问题，于是有关幸福指数的测算也产生了很多文献，这也是我们在评价民生福利时必须面对的现实问题。而不同地区的幸福感主要来自地方政府的宏观管理，其管理目标不只是相同任务的简单分解，而是各个地区都具有不同的主体功能，该主体功能是为了全局性的整体需要而划分的，其要在全局的视野下，进行管理和考核。这样各个主体功能区划的目标和管理过程，就必然存在一定程度的差异。然而从整体上达到一定的目标，必须是各个局部之间能够做到协调的、服从大局需要的主动配合。而各地的主动性，主要来源于各自和整体收益的提高，以及合理获取整体增利的平等共享。因此，在主体功能区划管理和研究中，各地区的民生福利应该趋于同一水平，并在后续的发展中拥有可持续的发展能力。同时对这种整体管理所达到的效果，以及各地的积极性和后续的动力等问题的评价，都是宏观管理的重要内容。

5.1 对区域民生福利的基本衡量

在计划经济及受其传统影响的时期，各地区的收入和消费水平都是有明显差别的。这种差别并不能代表其民生水平的差异，因为不同地区的收入水平和物价水平都存在较大的差异，所以也就产生了幸福感及其对幸福指数的测定等相关研究。尤其是国家之间的对比分析中，不能使用汇率折算收入进行直接对比，因为面对不同的市场，汇率也不是价值量统一的衡量标准，且国家之间的政策性差异会更大。

然而在统一的市场内，相同的政策环境下，统一的货币计价体系中，人们所面临的是共同的市场均衡。所以在一国内部的统一市场环境中，人们的消费是由全部市场的供求关系决定的，地区之间的消费水平也是没有本质性差异的。这时地区间的民生差异将主要体现在收入水平的差异上，尤其是人均的可支配收入水平的差异。同时，所谓的幸福感是一种在物质基础上的主观感受，脱离了物质基础就不存在任何的感受了，因此物质基础也是我们进行幸福感及相关评价的最基本内容。

通过对实行市场经济以来的宏观经济观察，发现我国国民的经济生活在市场经济规律的作用下，有序地发展并迅速地获得了大规模的市场红利。如今我国市场经济的初期红利已经完全释放，深层改革面临着严峻的考验，总结社会主义市场经济规律，创建独特经济理论体系的需求尤为显著。为此探索性地从满足广大民众日益增长的对美好生活的需求出发，按照新经济体的自身规律来安排区域经济宏观管理政策是各级地方政府的首要工作任务。

5.1.1 CPI 与福利变化分析

物价指数的编制是以基期商品结构为权重汇总的，其直接的经济含义是两期商品价值总额的比较，表明消费同样结构的商品所花费的资金变化。而反映市场经济环境下居民生存状况的主要信息，就是居民消费价格指数（CPI），该指数是消费品市场均衡变化的体现，通过 CPI 的改变就能够总结出人们生存状况的改变。通过对现实的 CPI 的观察，我们发现其在大多数情况下都是上涨的，一般认为是通货膨胀的作用结果。其实这是一种综合的经济现象，包含着通货膨胀、生活质量的提高和社会总福利的下降等多方面的原因。所以存在通货膨胀的情况下，则通胀引起的 CPI 上涨，并非意味着社会福利的下降。从我国的 CPI 稳定趋势水平看，基本上保持在 5% 的安全范围之内，其中就包含着通胀的作用程度。为此，观察我国实行市场经济体制以来的 CPI 变化情况，发现各个省份的 CPI 变化与全国的变化基本一致，这说明了市场的流动性特点，即在同一政策区域的价格将趋于一致。这种一致性说明了市场化的作用，以及市场一体化的结果。这一过程的规律性表现如下：

1. 均衡周期的观察

观察我国实行市场经济体制以来的CPI表现，可以发现其具有两个周期及四个阶段的明显特点：

第一个周期是1992～1998年，为初步实行市场经济的适应期。该时期经历了两个阶段：一是1994年以前的物价涨幅不断上升的时期，该时期人们的收入水平虽然在千元以下，但是主要用于基本生活必需品的购买。在原有的计划性生产供给基础严重不足的条件下，面临突然放开的市场，使得人们的需求迅速膨胀，必然导致物价快速上涨。该上涨幅度是超常态的，属于重大政策调整造成的后果。在物产并不丰富、收入水平也不高的条件下，价格是相对敏感的，尤其是以生存必需品为主导的不完善市场。二是1994～1998年物价涨幅不断下降，甚至出现降价的时期。该时期在价格引导的市场决策下，满足需求膨胀的市场供给不断扩大。然而由于短期内的基本需求结构改变不大，且供给能够使需求得到满足时，必然会导致物价迅速下降。这种回归便形成了实行市场经济初期的最为强烈的均衡价格波动周期。

第二个周期是1998～2015年，为市场经济的成长期。该时期也可以分为两个阶段：一是2008年以前，市场红利全面释放阶段，该阶段的国际贸易剧增。伴随着收入水平的不断提高，促使人们的需求全面膨胀，国内产生了相对供给不足，所以总体物价必然上升。二是2009年至今，受全球性次贷危机的影响，人们的预期在2009年产生非理性改变，物价水平明显下降。之后由于国际贸易的萎缩，国内的产能过剩，使得后危机时期出现了供大于求的市场释放期，物价上升幅度呈现下降趋势。第一个周期是价格猛涨狠跌的市场经济适应期，不具市场一般状况的代表性，第二个周期是市场正常的缓升和缓降状态，可以用来代表产品市场的常态价格走势，如图5－1中以黑龙江的CPI与全国CPI对比为例绘制的折线图，横虚线所描绘的是平均趋势和两倍标准差（95%以上的把握）范围。

2. 可持续发展的动态机制分析

大家都知道我们每年新创造的社会产品，一部分被当期消费掉了，另一部分就是储蓄并转化为后期的投资，这就是动态过程的某个环节的表现。所以从这种意义上看，上述对市场的简单观察，只考虑到各期的收入和消费情况，这在严格意义上只属于一种静态的分析，或者说是静态水平的趋势分析。而社会再生产的继续，是消费的同时还在不断的储蓄和投资的过程，即动态地分析储蓄和消费的过程，才能更好地观察社会福利是否均衡发展的问题。

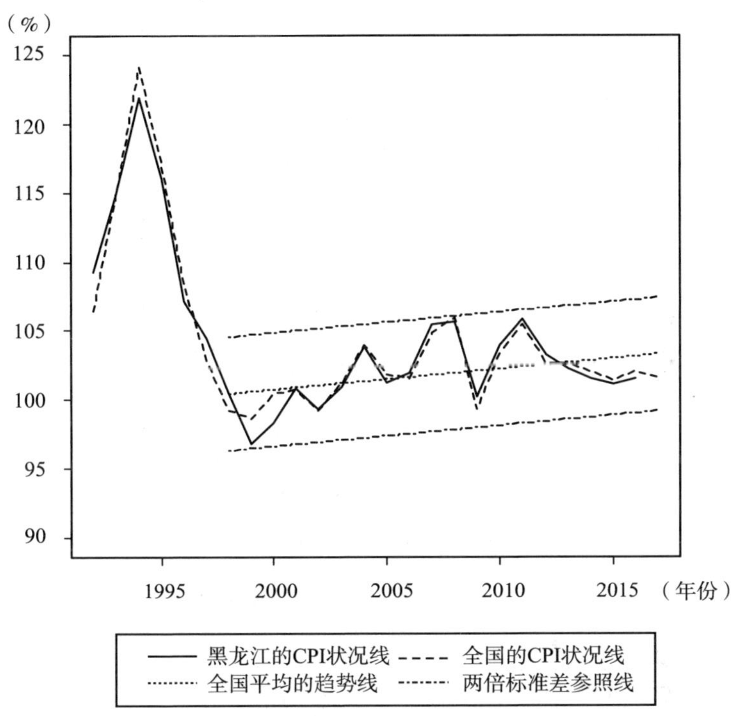

图 5 -1　全国与黑龙江的 CPI 趋势线对比

将产品市场从动态上划分，可以分为消费品市场和投资品市场。反映这两个市场均衡状态的主要统计指标就是消费品价格指数 CPI 和生产者价格指数 PPI，而生产者价格指数又可以进一步分为生产资料的购进价格指数和出厂价格指数。将这三个指数进行较长期的对比，如图 5 -2 所示，就会从中发现一些动态的规律来。

从图 5 -2 中 CPI 和 PPI 的对比中可以看出居民消费价格指数和工业生产者出厂价格指数有基本一致的走势，但是两者的差距也很明显：

第一，CPI 滞后于 PPI，即 PPI 的变化在先，CPI 同方向跟随变化在后。说明生产在先，消费在后，生产的成本决定着消费的价格水平。

第二，PPI 的波动幅度要大于 CPI，说明生产领域不如生活领域更为稳定。且随着信息技术的不断进步，滞后的周期越来越短，时差也越来越小。

第三，PPI 又分为进厂价和出厂价两种测试的结果，通过两种指数的对比可知，进价的波动大于出价的波动，两者的趋势方向相同，但是没有明显的滞后表现，如图 5－3 所示。

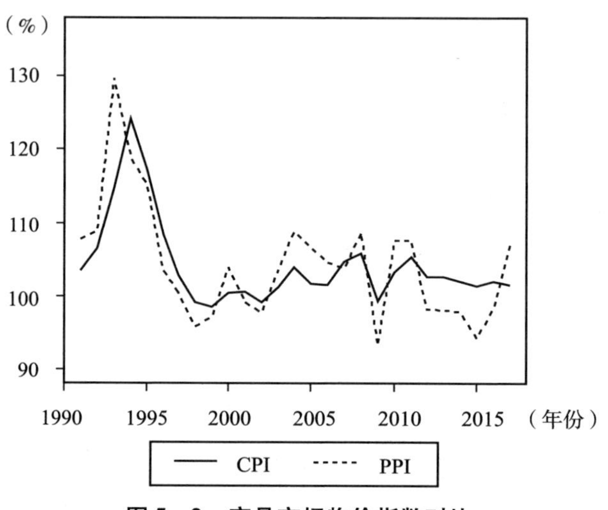

图 5－2　产品市场物价指数对比

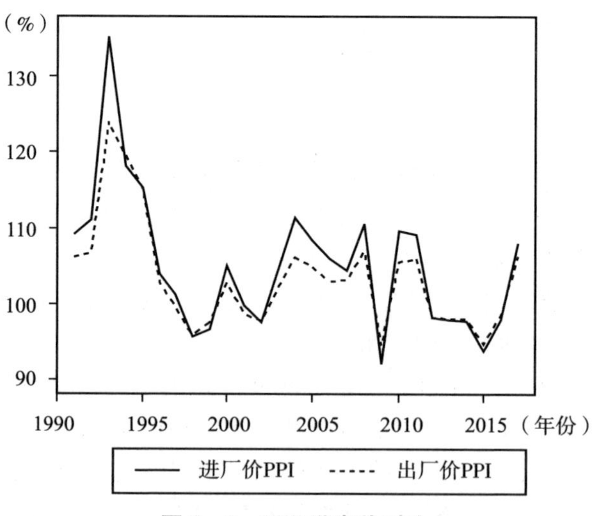

图 5－3　PPI 进出价对比

5.1.2　地区真实福利的分析

由于我国没有通货膨胀程度的测算，所以多数人常以 CPI 等物价指数来替代通货膨胀的程度，这是不恰当的做法。因为货币是特殊的商品，通货膨胀只是纸币时代才有的产物，即纸币发行量严重地超出了现实的货币需要量，从而产生的全社会货币贬值的现象。

货币的贬值会在物价上普遍显现出上涨的状态，并不只是消费品，还包含着投资品和中间产品等全社会的市场交易品的价格上涨。因此只依据 CPI 来反映通货膨胀，就有可能将消费品的结构性余缺产生的物价波动视为通货膨胀，从而也会产生结构性通胀之说。所以正确测算通货膨胀对经济分析是十分重要的，但是通胀程度的测算又是很大的难题，我们也只能尽可能地估算。

为了正确测度通货膨胀，我们从货币发行供给的总量与实际需求均衡协调的视角来测算通货膨胀的程度。因此选择了广义货币供应量 M2 作为货币的供给总量，以 GDP 作为可供交换的社会商品总额，则社会商品的交换就构成了对货币的需求。由于通货膨胀是货币供给增长超过了需求增长的程度，所以我们就将 M2 的平均增速 18.8% 与不变价格 GDP 环比指数的平均增速 9.8% 进行对比，来估测了通胀程度的方法。

对比的视角可以从差和比等两方面进行，差是人们习惯的表述，从此视角得到实行市场经济体制以来的中国通货膨胀程度不会超过 9% =18.8% −9.8%，且不会低于 CPI 平均水平 4.2% 的结论。而以这样的水平来观察真实的 CPI，则说明我国的 CPI 指数在不断地下降，这种真实 CPI 的持续下降说明了我国社会福利在不断地改善。

但这种改善只是平均意义上的反映，地区之间的差距不仅存在，还有着不断扩大的趋势。也正因为如此，党的十九大报告指出，中国特色社会主义进入新时代，我国社会的主要矛盾已经转化为人民日益增长的美好生活需要和不平衡不充分的发展之间的矛盾。

5.1.3　区域之间的民生差异分析

收入决定消费是经济学中公理性的结论。而在统一的市场中，收入差距的拉大，就意味着民生福利上的差异。以黑龙江为例，自 2000 年以后黑龙江的人均收入水平与全国的差距在不断地拉大，这一拉大就使得黑龙江的社会福利严重落后于全国的平均水平并出现逐渐加大差距的倾向，如图 5－4 的对比所示。

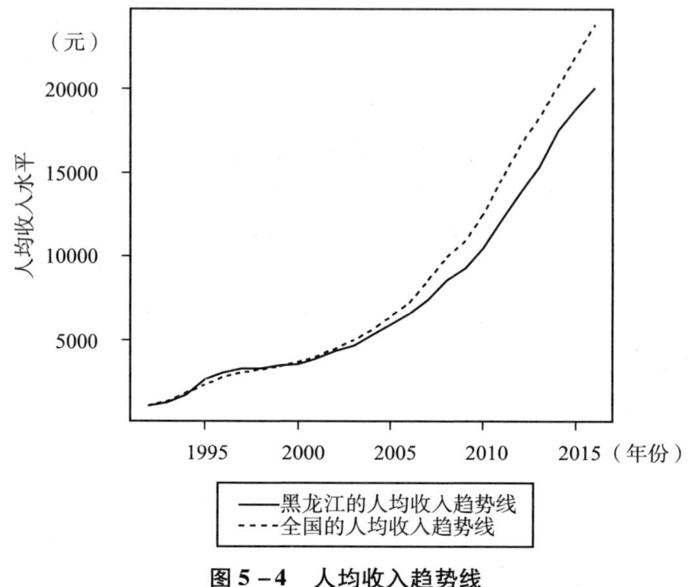

图 5－4　人均收入趋势线

这只是从表现上所做的简单分析，具体的根源还需要进一步分析如下：

1. 生产能力的差异分析

生产能力决定收入水平也是经济学中公理性的结论。从全国的人均 GDP 所表达的生产能力与人均收入所表达的收入水平之间的线性关系上看，黑龙江乃至全国都是人均生产能力每提高 1 元，人均收入都将增加 0. 43 元，但是黑龙江的创收能力较全国的波动较大，如图 5－5 所示。

而在收入分配政策相同的情况下，黑龙江的生产能力同期相比却远低于全国的一般水平。2006 年以前还基本上与全国水平一致，2007 年以后就开始明显拉开了差距，尤其是 2011 年以后，差距越来越大。这种生产能力上的差距，必然决定了收入分配的结果，进而使得黑龙江的民生水平越来越低于全国的平均水平，如图 5－6 所示。

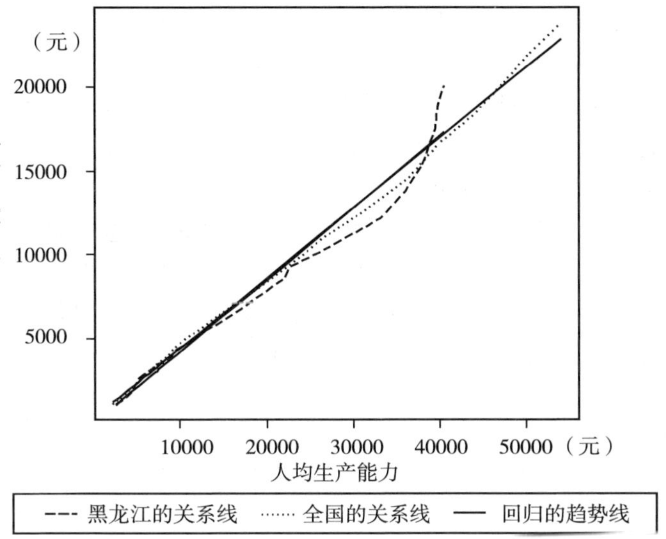

图 5－5　人均收入与人均生产能力回归线

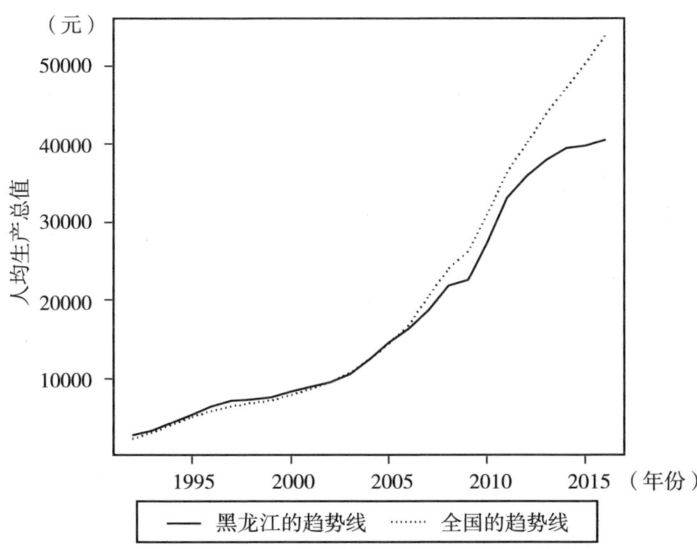

图 5－6　人均生产总值趋势线

这种综合生产能力的差距拉大，促使黑龙江的收入水平与全国收入水平的差距拉大，进而又决定了黑龙江的民生状态越来越低于全国。随着这种状态的普遍和长期化，又必然引起人才和市场资源的外流，恶性循环的结果就是黑龙江将从全国的骄傲逐渐变为落后地区。

许多学者从产业结构、历史渊源、公司治理等视角来研究和把握黑龙江的经济，效果多不理想。其实市场经济的规律，就是我们解释和解决黑龙江问题的关键，必须客观地审视和剖析市场，并从中发现问题的所在。

2. 全国的产能差异分析

从全国的人均生产总值的分布上看，动态上在逐年增长，即从 1.43 到 5.4；结构上从 2004 年的沿海省市 30% 高于平均水平，到 2015 年变化不大，只增加一个内蒙古自治区。然而根据表 4 －9 给出的碳源和碳汇作用的省份分类，将人均区域生产总值进行平均，并进一步描绘成图形，如图 5 －7 所示。

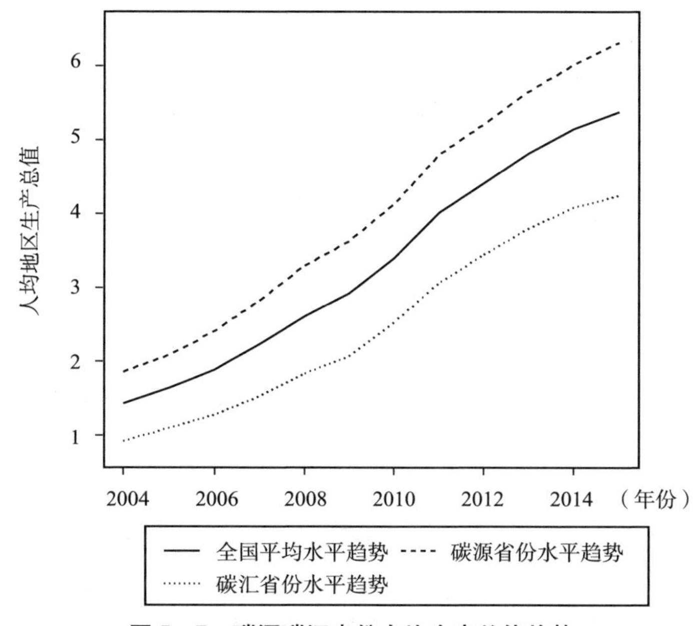

图 5 －7　碳源碳汇省份人均生产总值趋势

从图 5 －7 中不难发现，碳源地区人均生产总值的平均水平明显高于各碳汇地区的一般水平。且自 2010 年之后，两者的差距在明显增大。如对黑龙江的分析一样，你会发现这些地区的产业结构落后等问题，这是否由主体功能区划管理造成的呢，值得做进一步的详细分析。

5.2　利用指数体系进行的福利分析

指数体系是因素分析的基本工具，在经济指数体系中反映经济质量、数量和总额之间关系的因素分析公式如下：

$$\frac{\sum_{i=1}^{n} p_1 q_1}{\sum_{i=1}^{n} p_0 q_0} = \frac{\sum_{i=1}^{n} p_0 q_1}{\sum_{i=1}^{n} p_0 q_0} \times \frac{\sum_{i=1}^{n} p_1 q_1}{\sum_{i=1}^{n} p_0 q_1}$$

$$\left(\sum_{i=1}^{n} p_1 q_1 - \sum_{i=1}^{n} p_0 q_0\right) = \left(\sum_{i=1}^{n} p_0 q_1 - \sum_{i=1}^{n} p_0 q_0\right) + \left(\sum_{i=1}^{n} p_1 q_1 - \sum_{i=1}^{n} p_0 q_1\right) \quad (5-1)$$

$$\frac{\sum_{i=1}^{n} p_1 q_1}{\sum_{i=1}^{n} p_0 q_0} = \frac{\sum_{i=1}^{n} p_1 q_1}{\sum_{i=1}^{n} p_1 q_0} \times \frac{\sum_{i=1}^{n} p_1 q_0}{\sum_{i=1}^{n} p_0 q_0}$$

$$\left(\sum_{i=1}^{n} p_1 q_1 - \sum_{i=1}^{n} p_0 q_0\right) = \left(\sum_{i=1}^{n} p_1 q_1 - \sum_{i=1}^{n} p_1 q_0\right) + \left(\sum_{i=1}^{n} p_1 q_0 - \sum_{i=1}^{n} p_0 q_0\right) \quad (5-2)$$

这两种固定的关系体系，可以套用很多经济关系式。对民生福利的分析，可以从人均消费和人均 GDP 做系统的对比。

5.2.1　人均消费的指数分析

从人均消费角度进行指数分析，可使用以下两式进行：

人均消费指数 = CPI 指数 × 人均消费量指数　　(5 − 3)

人均消费增减量 = 消费价格影响量 + 人均消费数量变化量　　(5 − 4)

分析中可以按照 p 代表物价，其指数就是拉式物价指数；以 q 为消费量，其指数为派式指数；则式（5 − 2）将表达为式（5 − 3）和式（5 − 4）的内容。仍以黑龙江与全国的对比为例：

1. 全国基本情况的测算

利用 2013 ~ 2017 年全国的数据，获得人均消费指数均值为：

1.0851 = (1.096142 + 1.084259 + 1.089040 + 1.070773)/4

和全国的 CPI 数据：

$$1.0175=(1.02+1.014+1.02+1.016)/4$$

可得到消费量的指数：

$$1.064=(1.074649+1.069289+1.067686+1.05391)/4$$

这说明全国居民 2013～2017 年间消费在扣除价格因素后的真实增长率为 6.4%。即在人均消费水平的变化过程中，由于物价上涨了 1.75% 和消费量增长 6.4% 的共同作用，使得人均消费额增加了 8.51%。

2. 黑龙江的情况测算

利用 2014～2016 年黑龙江的数据，获得人均消费指数均值为：

$$1.0637=(1.049651+1.077818)/2$$

和全省的 CPI 数据：

$$1.013=(1.011+1.015)/2$$

可得到黑龙江的平均消费量的指数：

$$1.0501=(1.03823+1.06189)/2$$

这说明黑龙江居民消费在扣除价格因素后的真实增长率为 5.01%。即在人均消费水平的变化过程中，由于物价上涨了 1.3% 和消费量增长 5.01% 的共同作用，使得人均消费额增加了 6.37%。

对比黑龙江与全国的数据差异，可以发现近年来黑龙江的名义人均消费较全国低了 2.1（即 8.5－6.4）个百分点，其根源分析如下：首先物价较全国少上涨了 0.45（即 1.75－1.3）个百分点，说明扣除共同的通货膨胀因素后，是对新产品或高质量的要求等原因而产生的差异；剔除价格等品质因素的真实消费量较全国低了 1.39（即 6.4－5.01）个百分点，也说明对消费量的需求黑龙江也是低于全国的平均增长水平的；综合上述几点，说明黑龙江的民生状况在近年来是低于全国平均水平的。

5.2.2 人均 GDP 的指数分析

从人均 GDP 的视角进行指数分析，可使用以下两式进行：

$$\text{人均 GDP 指数}=\text{GDP 平减指数}\times\text{不变价格的 GDP 指数}\times\text{人口逆指数} \tag{5-5}$$

$$\text{人均 GDP 增减量}=\text{平减价格影响量}+\text{人均 GDP 数量变化量}+\text{人口影响量} \tag{5-6}$$

分析中可以按照 p 代表物价，其指数就是派式物价指数；以 q 为 GDP

数量，其指数为拉式指数；则式（5－1）将表达为式（5－5）和式（5－6）的内容。仍以黑龙江与全国的对比为例：

1. 全国基本情况的测算

利用 1992～2017 年全国的数据，获得人均 GDP 指数的均值为 1.141；同样测算全国现价 GDP 环比指数的均值为 1.149；不变价格 GDP 环比指数的均值为 1.098；从而可以得到 GDP 的平均平减指数为 1.046（即 1.149/1.098＝1.046）；这说明全国居民所有商品价格平均增长率为 4.7%。同时，人口逆指数，即人口指数的倒数平均水平为 0.993；则可以验证式（5－5）的关系为：

$$1.141 = 1.046 \times 1.098 \times 0.993$$

该式表明决定人们生活水平的人均 GDP 指标的变动，是由通货膨胀和产品质量的提高引起的物价水平增长了 4.6%，人们新创造的价值所体现的社会产品增长了 9.8%，以及人口增长使人均 CDP 下降了 0.07%，三种共同作用使得人均 GDP 增长了 14.1%。可以进一步验证：GDP、人口、人均 GDP 三者的关系，即：1.149×0.993＝1.141 或 1.149/1.007＝1.141。

2. 黑龙江的情况测算

利用 1992～2017 年黑龙江的数据，获得人均 DDP[①] 指数的均值为 1.1214；同样测算全省现价 DDP 环比指数的均值为 1.1256；不变价格 DDP 环比指数的均值为 1.0946；从而可以得到 DDP 的平均平减指数为：1.0266（即 1.1236/1.0946＝1.0265）；这说明全省所有产品价格平均增长率为 2.7%。同时，人口逆指数，即人口指数的倒数平均水平为 0.9979；则可以验证式（5－5）的关系为：

$$1.0266 \times 1.0946 \times 0.9979 \approx 1.1214$$

该式表明决定人们生活水平的人均 DDP 指标的变动，是由通货膨胀和产品质量的提高引起的物价水平增长了 2.66%，人们新创造的价值所体现的社会产品增长了 9.46%，以及人口增长使人均 DDP 下降了 0.0021%，三种共同作用使得人均 DDP 增长了 12.14%。

对比黑龙江与全国的数据差异，可以发现近年来黑龙江的名义人均生产总值较全国低了近 2（即 14.1%－12.1%）个百分点，其根源分析如下：首先物价较全国少上涨了 1.94（即 4.6%－2.66%）个百分点，说明扣除共同的通货膨胀因素后，是对新产品或高质量的要求等原因而产生的

① 本书设 DDP 表示为黑龙江生产总值。

差异；剔除价格等品质因素的真实生产总值较全国低了0.34（即9.8% - 9.46%）个百分点；人口增长也使人均生产总值较全国水平降低了0.49（即0.7% -0.21%）个百分点；综合上述几点，说明黑龙江的生产创收能力在近年来低于全国平均水平的2个百分点。

5.3 各地区政策性效益的评价分析

为了促进主体功能区划管理，很多地方政府都会制定一些相关的社会福利政策，用以弥补一定的政策性损失或社会性的公共服务。各类的公共性服务在各地区的执行情况，以及在各地区之间的均等情况，是人们普遍关心的事情，也是主体功能发挥和执行障碍的体现。为此，我们将各省份2004~2015年之间的，反映公共服务的各类财政支出情况，按照表5-1归类，并采用数据包络DEA分析方法，进行相关的绩效分析。

表5-1　各地公共服务绩效指标

<table>
<tr><th>一级指标</th><th>二级指标</th><th>三级指标</th></tr>
<tr><td rowspan="12">公共服务基本情况</td><td rowspan="4">投入</td><td>工业交通部门事业费</td></tr>
<tr><td>一般公共服务支出</td></tr>
<tr><td>教育事业费</td></tr>
<tr><td>卫生经费</td></tr>
<tr><td rowspan="8">产出</td><td>万人拥有公交车辆数</td></tr>
<tr><td>人均公共绿地面积</td></tr>
<tr><td>万人公厕数</td></tr>
<tr><td>城市路灯数量</td></tr>
<tr><td>文盲、半文盲占15岁及以上人口比重</td></tr>
<tr><td>每10万人在校大学生数</td></tr>
<tr><td>万人医生数</td></tr>
<tr><td>万人医院床位数</td></tr>
<tr><td rowspan="3">公共服务均等情况</td><td>投入</td><td>社会保障补贴支出</td></tr>
<tr><td rowspan="2">产出</td><td>失业率</td></tr>
<tr><td>基尼系数</td></tr>
</table>

在现有的各决策单元（DMU）的输入和输出水平的统计基础上，借助于数学规划的方法估算出相对有效的生产前沿 DEA 曲面。将各个决策单元的投入产出活动投影到生产前沿面上，并通过比较决策单元偏离前沿面的程度来评价它们的相对有效性的方法。

DEA 方法能够对具有多指标输入和输出的同类型部门中的输入及输出的相对有效性进行综合评价，是一种能够有效处理多输入和多输出的相对有效性的方法。DEA 具有几个明显的优点：

第一，DEA 方法具有较强的客观性。对于某个复杂的多输入多输出系统，假定系统中每个输入都对应一个或多个输出，并且这些输入和输出之间确实存在某种关系，利用 DEA 方法计算这些输入与输出之间的有效性不必给出输入与输出之间的显示函数表达式，因此利用 DEA 方法来计算输入与输出的有效性排除了很多主观因素的影响，使得计算结果具有很强的客观性。

第二，DEA 方法的经济意义明确。DEA 方法的分析过程涉及经济学中的生产可能集以及由此引申出的规模效应等经济学概念，这些概念能很好地解释 DEA 方法，因此从某种程度上来说，DEA 方法的经济意义比较明确。

第三，DEA 方法是纯技术的。DEA 方法并不直接对数据进行综合，因此决策单元的最优效率指标与投入指标值及产出指标值的量纲选取无关，使用 DEA 方法前无须对投入和产出对应的指标进行无量纲化处理，任何形式的投入产出数据利用 DEA 方法计算后都具有可比性，因此，其使用非常方便。

5.3.1　DEA 分析的基本模型

DEA 模型中每一个决策单元的效率评价 DMU 指数 h_j 为：

$$h_j = \frac{u^T y_i}{v^T x_j} = \frac{\sum_{r=1}^{s} u_r y_{rj}}{\sum_{i=1}^{m} v_i x_{ij}},\ i=1,\ 2,\ \cdots,\ m;\ j=1,\ 2,\ \cdots,\ n;\ r=1,\ 2,\ \cdots,\ s \tag{5-7}$$

式（5-7）中：$x_{ij}>0$ 为第 j 个决策单元对第 i 种类型输入的投入总量，$y_{rj}>0$ 为第 j 个决策单元对第 r 种类型输出的产出总量，v_i 为第 i 种类型输入的权重系数，u_r 为第 r 种类型输出的权重系数。

在效率评价指数中，总可以选取适当的权重系数 v 和 u，得到 h_j。一般来说 h_j 越大表明功效越高，即使用相对较少的投入而取得相对较多的产出。

1. CCR 模型

以某个决策单元的效率指数为目标，以所有的其他决策单元的效率指数为约束，可构造 CCR（C2R）模型如下：

$$\max h_{j_0} = \frac{\sum_{r=1}^{s} u_r y_{rj_0}}{\sum_{i=1}^{m} v_i x_{ij_0}}$$

$$\text{s. t.} \begin{cases} \dfrac{\sum_{r=1}^{s} u_r y_{rj}}{\sum_{i=1}^{m} v_i x_{ij}} \leqslant 1, \ j=1, 2, \cdots, n \\ u \geqslant 0, \ v \geqslant 0 \end{cases} \tag{5-8}$$

将上述分式规划，使用 Charnes - Cooper 变化，令：

$$t = \frac{1}{v^T x_0}, \ w = tv, \ \mu = tu \tag{5-9}$$

由 $t = \frac{1}{v^t x_0} \Rightarrow w^t x_0 = 1$；可变成如下的线性规划模型（P）：

$$\max h_{j_0} = \mu^T y_0$$

$$\text{s. t.} \begin{cases} w^T x_j - \mu^T y_j \geqslant 0, \ j=1, 2, \cdots, n \\ w^T x_0 = 1 \\ w \geqslant 0, \ \mu \geqslant 0 \end{cases} \tag{5-10}$$

规划 P 的对偶规划为规划（D）：

$$\min \theta$$

$$\text{s. t.} \begin{cases} \sum_{j=1}^{n} \lambda_j x_j \leqslant \theta x_0 \\ \sum_{j=1}^{n} \lambda_j y_j \geqslant y_0 \\ \lambda_j \geqslant 0, \ j=1, 2, \cdots, n \\ \theta \text{ 无约束} \end{cases} \tag{5-11}$$

引入松弛变量 s^+ 和剩余变量 s^-，将上面的不等式约束变为等式约束，可变成：

$$\min \theta$$

$$\text{s. t.} \begin{cases} \sum_{j=1}^{n} \lambda_j x_j + s^+ = \theta x_0 \\ \sum_{j=1}^{n} \lambda_j y_j - s^- = y_0 \\ \lambda_j \geqslant 0, \ j=1, 2, \cdots, n \\ \theta \text{ 无约束}, \ s^+ \geqslant 0, \ s^- \leqslant 0 \end{cases} \quad (5-12)$$

将上述规划（D）直接定义为规划（P）的对偶规划。

2. 有关 DEA 的规划定义和定理

定理 1：线性规划（P）和对偶规划（D）均存在可行解，所以都存在最优值。假设它们的最优值分别为 h_{j0}^* 与 θ^*，则有 $h_{j0}^* = \theta^*$。

定义 1：若线性规划（P）的最优值 $h_{j0}^* = 1$，则称决策单元 DMU_{j0} 为弱 DEA 有效。

定义 2：若线性规划（P）的解中存在 $w^* > 0$，$\mu^* > 0$，并且最优值 $h_{j0}^* = 1$，则称决策单元 DMU_{j0} 为 DEA 有效。

定理 2：DMU_{j0} 为弱 DEA 有效的充要条件是线性规划（D）的最优值 $\theta^* = 1$；DMU_{j0} 为 DEA 有效的充要条件是线性规划（D）的最优值 $\theta^* = 1$，并且对于每个最优解 λ^*，都有 $s^{*+} = 0$，$s^{*-} = 0$。

5.3.2　DEA 的有效性定义

我们能够用 CCR 模型判定是否同时技术有效和规模有效，即 DEA 有效性的定义：

（1）$\theta^* = 1$，且 $s^{*+} = 0$，$s^{*-} = 0$。则决策单元 j_0 为 DEA 有效，决策单元的经济活动同时为技术有效和规模有效。

（2）$\theta^* = 1$，但至少某个输入或者输出大于 0，则决策单元 j_0 为弱 DEA 有效，决策单元的经济活动不是同时为技术效率最佳和规模最佳。

（3）$\theta^* < 1$，决策单元 j_0 不是 DEA 有效，说明经济活动既不是技术效率最佳，也不是规模最佳。

5.3.3　DEA 的效率分解及动态分析

在实际情况下，每一个决策单元都处于最佳规模生产状态的概率非常小，因此将规模效率从综合效率中分离出来，建立在规模报酬可变条件下的 BBC 模型，单独计算纯技术效率值和规模效率值。

BBC 模型的一般公式为：

$$\min \theta$$

$$\text{s. t.} \begin{cases} \sum_{j=1}^{n} \lambda_j x_j + s^+ = \theta x_0 \\ \sum_{j=1}^{n} \lambda_j y_j - s^- = y_0 \\ \sum \lambda_j = 1, \ j=1, 2, \cdots, n \\ \theta \text{ 无约束}, \ s^+ \geqslant 0, \ s^- \geqslant 0 \end{cases} \tag{5-13}$$

其中，x_j 表示第 j 个决策单元的投入，x_0 为其中某个决策单元的投入，λ_j 为投入产出约束系数；y_j 表示第 j 个决策单元的产出，y_0 表示与 x_0 相对应的同一决策单元的投入；θ 为待求解参数，s^+，s^- 为松弛变量。当 θ =1，且 $s^+ =0$，$s^- =0$ 时，决策单元 j_0 为 DEA 有效，同时为技术有效和规模有效。

将全国 31 个省份（我国的台湾地区、香港地区、澳门地区由于数据缺失，不包括在内）2004 ~2015 年的 5 个投入指标及 10 个产出指标每年的数据代入 CCR 模型计算政府投入产出的综合效率值，代入 BBC 模型计算政府投入产出的纯技术效率值和规模效率值。综合效率为 1 时，该省政府的投入产出处于 DEA 有效；纯技术效率为 1 时，该省政府的投入产出处于纯技术有效；规模效率为 1 时，该省政府的投入产出处于规模有效。

综合效率值越高，代表该地区政府的投入与相应的产出越均衡，该地区社会的和谐程度也越高，处于综合效率有效的省份越多，代表全国的社会和谐程度越高，同时可以结合纯技术效率值和规模效率值分析各地区最优的政府投入和产出值，测试结果如图 5 -8 所示。DEA 效率动态对比分析如图 5 -9 所示。

图 5 -9 中的数据分布表明：

（1）2004 ~2015 年的政府投入产出综合效率、纯技术效率以及规模效率呈现出下降的趋势，2008 年之前 DEA 有效省份个数基本维持在 10 个，2009 年之后减少到 6 个。

（2）2004 ~2015 年全国每年达到纯技术有效的省份较多，由于受到规模有效的影响，致使全国 DEA 有效的省份大量减少。

（3）为了得出政府 2004 ~2015 年的绩效动态情况，计算出该期间的三种效率均值，趋势如图 5 -9 所示。从中可以看出：2004 ~2010 年政府的投入产出综合效率整体处于下降趋势；2011～2015 年政府的投入产出综合效率整体上处于上升趋势。

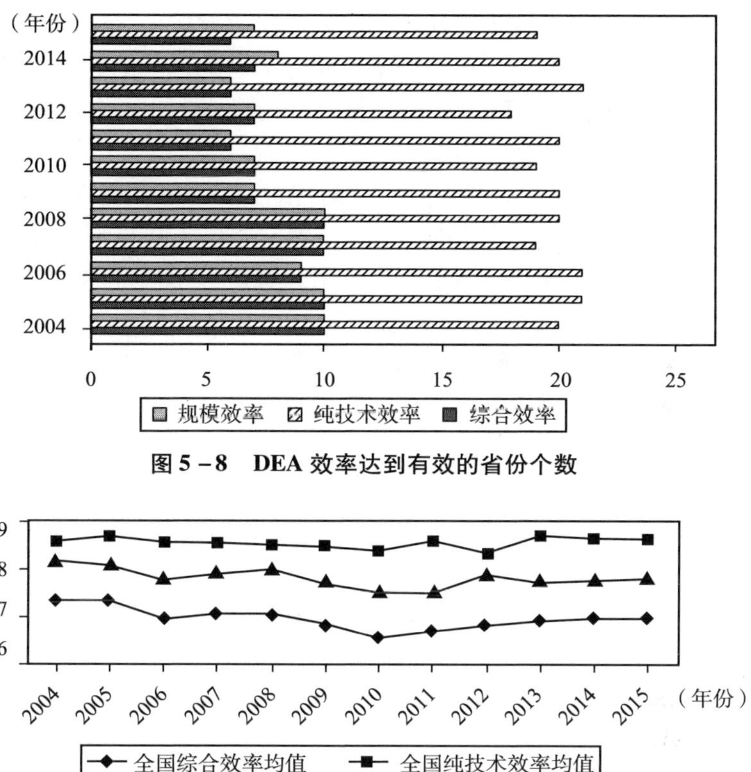

图 5－8　DEA 效率达到有效的省份个数

图 5－9　DEA 效率动态对比分析

5.3.4　效率的区域对比分析

为了反映各地区政府投入产出的效率情况，将各地区 2004～2015 年政府投入产出的平均综合效率、平均纯技术效率和平均规模效率进行升序排列，结果见附录表 3。从理论上分析，综合效率达到 1 且投入不存在冗余、产出不存在不足时为 DEA 有效，当综合效率低于 1 时为 DEA 无效。由于现实社会环境总是存在各种客观因素，导致综合效率达到 1 比较困难，为此结合现实状况设定 DEA 模型的综合效率阈值，将我国 31 个省份的综合效率均值 0.677 设为综合效率的阈值，当某地区的综合效率高于

0.677 时，表明政府在该地区的投入产出效率高于全国平均水平，认为该地区的投入产出效率较好，说明政府对该地区的投入暂时不需做出重大调整；当某地区的综合效率低于 0.677 时，表明政府在该地区的投入产出效率低于全国平均水平，认为该地区的投入产出效率较低，政府对该地区的投入需根据投入冗余做出相应的调整。同理，当某地区的纯技术效率高于 0.869，规模效率高于 0.78 时，认为该地区的投入产出纯技术效率、规模效率较好。对比结果如下：

效率排序的分布情况：第一，在综合效率上云南、甘肃等 16 个中西部地区较低，有待改进；而吉林、福建等 15 个东北和东部省份较高，投入比较合理；第二，在纯技术效率上云南、贵州等中西部 10 个省份较低，广西等 21 个省份的纯技术效率较高；第三，在规模效率上甘肃、山西等 17 个省份较低，四川等 14 个省份的规模效率较高。

规模效率严重影响了各个省区的综合效率，这是由于综合效率 = 纯技术效率 × 规模效率，所以当处于规模效率递减的省偏多时，全国综合效率处于 DEA 有效的省份会偏少，同时使得全国整体的平均综合效率偏低。综合效率较低的 16 个省份中有 12 个省份是规模效率偏低的情况，说明规模效率是决定要素。

为了提高政府投入产出综合效率，需要明确政府的具体改进途径，计算出模型中的实际投入与最优投入的差额，当差额大于 0 时，该差额即为政府投入过剩量，当差额小于 0 时，该差额即为政府投入不足量。以 2015 年的投入进行说明，实际投入与最优投入的差额如表 5 - 2 所示。

表 5 - 2　投入非均衡数据测算　单位：亿元

省份	一般公共服务费	工业交通部门事业费	卫生经费	社会保障补助	教育经费
河南	451	179	521	456	1070
湖南	322	84	249	205	463
四川	301	355	447	539	768
云南	271	477	311	441	626
河北	244	112	278	263	375
贵州	223	191	211	97	389
江西	176	69	171	134	234
广西	175	81	222	156	291

续表

省份	一般公共服务费	工业交通部门事业费	卫生经费	社会保障补助	教育经费
安徽	169	200	294	292	491
福建	101	184	166	57	343
陕西	42	66	50	15	22
山西	21	30	62	46	95

投入过剩是一种资源浪费，上述 12 个省均处于规模收益递减状态，即相同百分比的投入增加量小于该百分比产出的增加量，这从一定程度上反映出这些地区较其他地区生产结构等管理上存在一定问题。而这些地区有 2/3 是碳汇省份，与主体功能区划管理或许有关。

规模效率偏低省份的规模收益均处于递减状态，表明政府的投资结构存在一定的问题。即侧重于公共服务的供给侧和基础设施的投入，没能在需求侧实施配套的改革。如 2015 年与 2004 年相比，各省份的一般公共服务支出增长了 1 ~ 7 倍，各省份的工业交通部门事业费增长了 5 ~ 14 倍，各省份的卫生经费增长了 11 ~ 25 倍，各省份的社会保障支出增长了2 ~ 4 倍，各省份的教育经费支出增长了 4 ~ 6 倍。在经费普遍增长的同时，并没有相应的管理和使用制定的变革，不但就医难等问题没有得到彻底的解决，还出现了许多效率下降的新问题。不过从全国动态政府绩效的比较分析中看出，政府绩效在 2004 ~ 2010 年处于下降趋势，而在 2011 ~ 2015 年处于上升趋势。我们认为是自 2012 年以来，我国政府积极提倡反腐，使得各级政府廉洁自律、忠于职守，是我国政府绩效提高的重要原因。

第 6 章

区域管理的市场经济均衡分析

在市场经济的环境下，任何计划性的政策实施，都需要考虑到市场的规律性。尤其是宏观经济的区划性管理，属于宏观经济政策的一部分，更应该与系统的宏观经济政策协调一致。在社会主义市场经济环境中，我们的宏观经济管理目标是在人类命运共同体的理念下，以国家的力量保证人民共同富裕、安居乐业、市场稳定、社会和谐、国家富强等美好生活追求。按照这样的目标，有必要做出一系列的区域性规划，由此也就必然引出相应的统计评价工作。

6.1 区域规划管理及其与市场的关系

主体功能区划管理活动的必要性是毋庸置疑的，但是管理所达到的效果和对效果的评价，则是我们应该常规化的工作。

6.1.1 主要的功能性区划管理

主体功能区划管理在不同的历史时期有着不同的表现，其形成的原因也各有不同。一般可以分为如下两类：

（1）市场引导的区划。这是由资源禀赋决定的自然形成的区域分工，也是最为常见的情况，如城乡、商圈与民居等区域的形成过程。这种区划管理需要长期稳定的资源禀赋的引导，逐渐形成区域化的分工过程。因而该分工往往是绝对优势或相对优势所形成的帕累托最优的结果。

（2）计划引导的区划。从国家安全等角度形成的区域分工，则是宏观管理所做的目的性决策，如耕地的红线保护、生态的主体功能区划等国土规划过程。这些区划管理往往是决策阶层出于宏观全局的需要，人为策划出的决策行为，带有很强的目的性，需要某些地区的民众付出一定代价，才能实现的管理行为。并且这种行为可能达不到帕累托最优效果，且管理的效果往往是很不稳定的，有可能在短期内有效，而长期的效果就很难保证了。

6.1.2　区划管理与市场之间的关系分析

不论是市场引导的，还是行政命令的区划管理，在市场经济的大环境下都要接受市场规律的制约。因此，在宏观管理过程中主体功能的实现与市场之间的协调关系，必须在遵循市场规律的前提下，制定一系列的有效政策，来保障主体功能区划的功能实现。由于市场经济环境下，产品、资金、人才、信息等要素都是可以自由流动的，当行政命令某个区域，不准许某类要素流动时，就必然产生与其他区域的要素价格的差异，从而引起该区域在差异要素市场的不稳定，进而影响到最初的行政管理目标的实现。因此，在主体功能区划管理过程中，政策的制定绝不是简单的行政命令，而是需要一系列的配套政策体系来完成的。

6.2　区划管理下的劳动市场及其均衡分析

由于土地国有特征的决定，我们的市场经济是在劳动因素起调节作用的环境。劳动要素长期以来成为最为主要的生产要素，因此也是最为活跃的根本要素。且在不同的历史时期，劳动的技能水平是存在很大差异的，劳动与其他要素在市场中结合的方式也存在着不同的历史特征。不过以市场的引导为动力，是任何行政命令都难以控制的要素。对这一要素的市场观察，以及均衡状态的分析，是主体功能区划管理的有效实施所需要的统计评价内容。为此，以黑龙江作为生态保护和粮食生产安全保护区划的功能为例，做相关的分析如下：

6.2.1　功能区划下的劳动市场

黑龙江是物产最丰富的地区之一，这里的劳动者为新中国的建设做出了巨大的贡献。从原油、原粮、原木和原煤等计划经济时的无偿调拨，到老工业基地的动力、机械、军事、科技和人才培养；再从百万官兵、支边青年、知识青年的铁人精神，到坚持至今的各行各业的广大劳动者；都是这片黑土地上令人敬畏的贡献者。如果他们利用这些资源换取生活享乐的话，他们将是这个世界上最为富有的地区。

如今这片土地上的耕耘者，又承担起人类生态环境的保护和国家粮食安全的重任。这种责任同样是富有牺牲精神的、历史性的必然选择。因为黑龙江的大小兴安岭和三江湿地是东亚大陆的肺，负责着这片土地的气候调解功能的发挥，是我国最大的碳汇省份之一；作为我国最大的国有粮食生产基地，黑龙江还肩负着我国粮食安全的重要战略任务。

面对市场经济环境下的各类流动要素，黑龙江的人才流失也是非常严重的。而人才流失的根本原因就是生活待遇上的差距，随着市场经济的不断深化和融入国际市场的程度不断加大，黑龙江的安全保障功能就愈发凸显其重要性和必要性，同时生活待遇的差距也越拉越大。这一矛盾的破解，一直以来都是我们面临的难题，同时也是我们的工作责任。

6.2.2 劳动力市场均衡的特征

从5.2节的分析中，我们已经看到了在全国统一的市场中，我们面临着相同的消费市场。同时也看到了产品创造的收入能力在碳源和碳汇地区之间的差距。这种差距不是真正意义上的能力差距，而是我国主体功能区划式的宏观管理的结果。这一结果是市场经济规律的局部作用与我们的宏观管理的大目标之间的矛盾反映，是我们必须做出深入研究的课题。仍以黑龙江为例，做出相关的实证说明。

1. 黑龙江劳动者收入情况

从全国的人均GDP与人均收入的数据分析中，可以看出两者的线性关系非常明显，如图6－1所示的几乎接近于直线的情形。而图6－1中的虚线则是黑龙江的情形，两者并未呈现出线性的关系，尤其是产能在25000元（2010年）之后，呈非线性改变。黑龙江的劳动收入，除了受到市场的统一作用之外，薪酬政策的作用也很明显，即每在5年规划的节点上，进行工资新政策调整时，人均收入都会发生趋势的改变。其中，改变较大的节点是2006年的工资规范性套改。当然，这种改变也有可能是发生了劳动力密集向劳动力短缺的技术转变，或者是通胀明显引起工薪增速加快。

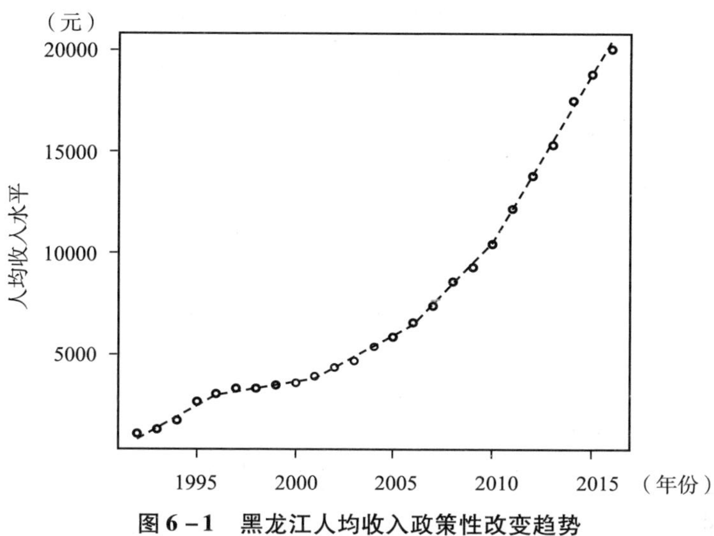

图 6－1　黑龙江人均收入政策性改变趋势

2. 黑龙江劳动力的技术水平情况

劳动力的知识结构往往决定其所能从事的工作领域，学历的层次结构一定程度上反映了劳动群体的知识水平。因此，我们从人才培养与地方经济的关系视角，来分析黑龙江与全国的劳动群体的知识结构及其在社会生产活动中的作用情况，如图 6－2 所示。

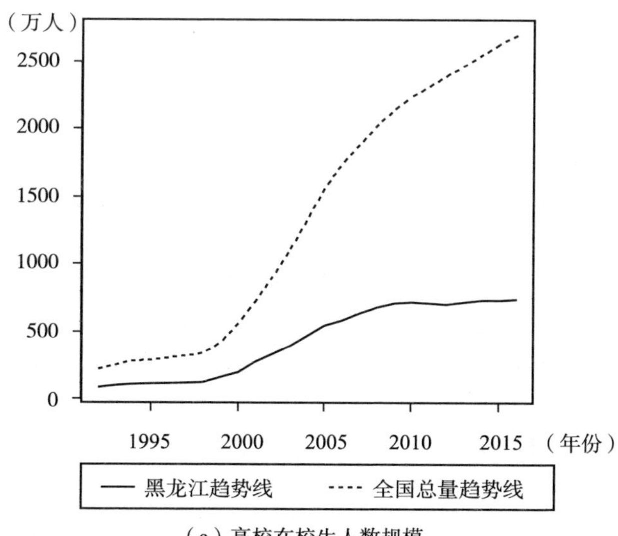

（a）高校在校生人数规模

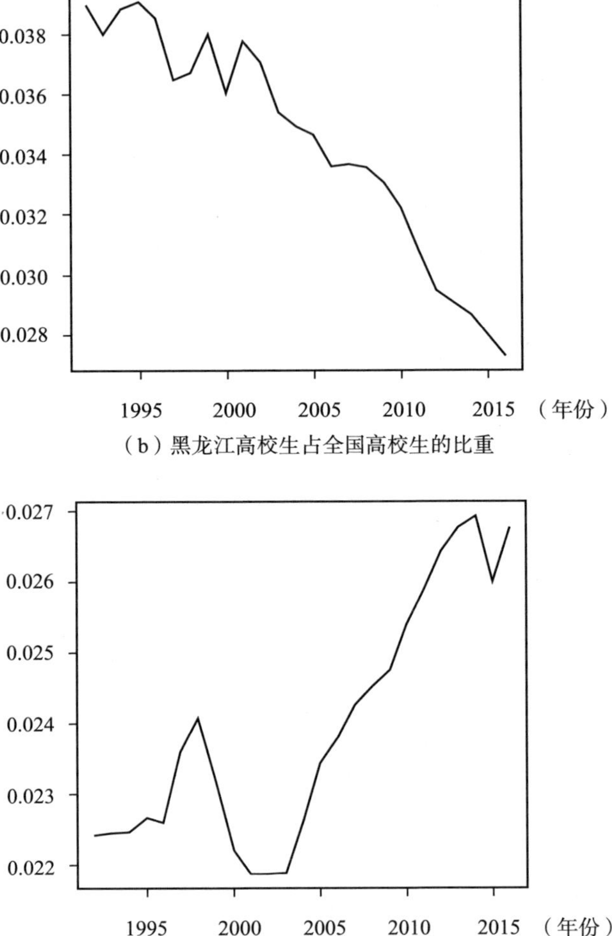

（b）黑龙江高校生占全国高校生的比重

（c）黑龙江就业人口占全国就业人口的比重

图 6－2　黑龙江与全国的人才培养与就业对比

从图 6－2 可以看出，黑龙江的高校人才培养规模趋势与全国的规模趋势之间的差距越来越大，黑龙江的人才培养占全国的比重呈下降趋势。但是就业人口的比重却在逐渐提高，这说明黑龙江的就业规模较全国在增加，而就业者的学历结构却在明显下降。进而表明黑龙江的产业结构较全国更为原始，并且生产方式也较为传统，现代化的成分较低。

6.2.3 均衡分析中的问题剖析

劳动力市场出现上述收入低和人才比重下降等问题，是与主体功能区划管理有一定联系的。具体分析如下：

(1) 由于主体功能区划的限定，不准对任何树木进行采伐等限制性因素，传统的林业和森工企业的大量劳动力被迫转行，其收入普遍呈现明显下降状况。同时在这种转行的过程中，新业务的寻找成本极高，转型的方向和相关的业务培训也没有明确的内容。所以传统的劳动力盲目寻业的状态和压力，必然导致传统产业的较长时间的延续，从而较全国呈现落后的现象。

(2) 传统行业非自然减员的失业压力，造成了对区域经济前景的预期不佳，进而加剧了传统产业的集聚，又会影响到向创新性行业就业方向的转变。这种恶性循环，会使经济下滑速度加剧，呈现黑龙江近几年的产业落后局势。

(3) 如果没有主体功能区划内的整体性普遍的产业系统性升级，就不可能提升区域性的整体收入水平。因此区域内整体性的收入提升，还需要在市场消化了大量的转移劳动力之后才可能实现。这种消化有两种途径：一是地方政府有计划地适应新型产业转型，进行一系列人才配套培养；二是长期自然减员和市场逐渐消化的过程。

6.3 区划管理下的产品市场及其均衡分析

主体功能区划管理下的产业选择自由度很小，只能是符合主体功能作用发挥的产业结构安排。因此，只有这些产业具有竞争优势，才能在市场经济中处于不败的地位。然而，作为我国粮食安全保障的黑龙江粮食生产的状况如何，我们做了如下的观察：

6.3.1 国家的粮食安全问题

春秋时期管仲任齐相，在任内大兴改革，富国强兵，曾经利用市场规律，诱使邻国追逐虚拟经济利益，放弃生存根本的粮食生产，从而成功兼并邻国。管仲的策略其实是借助了人们对市场规律的认同，使邻国在追逐高利润的同时忽视了国家安全产业的保护和壮大。

同样的风险在今天依然存在，表现的形式较历史任何时期都为复杂，尤其是转基因技术给我们带来的风险是不可估量的。在这种形势下，我们的传统粮食应该是安全的，这是我们的明显优势所在。但是当我们观察现实的粮食市场时，却惊讶地发现今天的粮食风险是如此之大，具体表现如下：

1. 全行业的亏损是最为严重的问题

自《中国统计年鉴》和 Wind 资讯数据，观察我国和黑龙江的主要粮食生产的利润信息，发现 2008 ~2016 年的每亩粮食生产利润在逐渐下降，尤其是 2013 年以后每亩粮食生产的利润都为负值了。全行业的持续亏损，将给这一行业带来什么，是可想而知的。在市场的引导下，连续亏损的行业，是要逐渐退出市场的。而粮食生产这一决定人们生存的行业在某个主权地区消亡，是不可想象的。

2. 转基因化越严重的产品价格下降越迅速

观察黑龙江的主要粮食生产利润，大豆和小麦等与转基因竞争的产品都是亏损的，且要早于全国进入亏损状态。为此我们做了小范围的典型调查，近两年种地亏损已使部分农民放弃生产经营了。在全球化的大市场环境下，某区域的长期亏损产业是必然走向消亡的，如图 6 -3 所示。

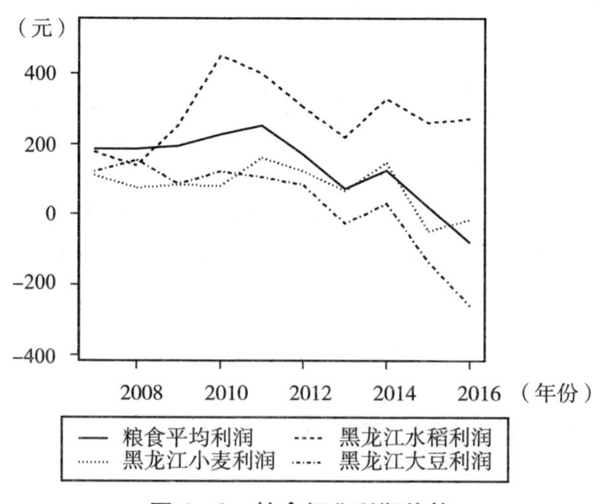

图 6 -3　粮食行业利润趋势

凡是风险发展到危机，都是人们轻视了风险的存在，进而错判了风险与危机的临近时机。甚至是被某些虚伪的利益蒙蔽，未能预知风险和危机的来临。在市场经济环境下，长期的亏损就意味着必然的退市，而避免其退市并能安全地存活下去，就必须增强其盈利空间。为此我们必须首先了解目前亏损的原因，并做到对症下药，以尽快解决亏损问题。

6.3.2　粮食市场风险的根源分析

在全球化大市场中，国内产粮与进口粮食在同一市场上销售，如果假设两者是质量相同的无差异产品，在没有关税的情况下，市场的价格会趋于相同。但两者的品质是不可能完全相同的，有时甚至差异很大。在某些外力的作用下，将产品的差异人为地隐藏起来，就必然引起“劣币驱逐良币”的现象，中国的粮食市场就是这样的情况。具体介绍如下：

（1）我国的农业在加入世界贸易组织（WTO）之前还是具有比较优势的产业，然而入世后我们的优势逐渐变为了劣势。以我们主要的摄取蛋白的食品，也是曾经引以为豪的大豆为例：2000 年我们的大豆产量为 1540.9 万吨，进口量为 1041.6 万吨；而到了 2016 年我们的大豆产量为 1293.7 万吨，而进口量却为 8391 万吨。2000 ~ 2016 年的 16 年间大豆的产量减少了 20%，转基因大豆的进口量却增加了 7 倍，大豆已经不能称为我们的产业优势了。然而这一演变过程是在悄无声息中形成的，因为进口的大豆大部分属于转基因的产品，但市场上注明是转基因的加工品比例极小，这说明绝大多数的转基因产品是在我们不知情的情况下被消费的。

观察一下我国主要粮食的生产和进口，就会发现以倾销式的价格进口，迫使国内粮食生产遭受严重打击已成事实。进口粮食应该选择高品质的产品作为国内用量缺口的补充。但是我们在以化肥和农药的超标来与国际市场的转基因产品竞争产量和成本，结果就是 2000 年我国的粮食产量是 46217.52 万吨，到 2016 年增长到了 61793 万吨，只增长了 1/3。而谷物的进口量从 2000 年的 315 万吨，增长到 2016 年的 2199 万吨，即增加了 6 倍；同时还有一系列的蔬果的大量进口。虽然转基因产品的安全性没有定论，但是这些数据告诉我们一个事实，就是我们的安全粮食生产在迅速萎缩。

（2）关于后发优势和后发劣势的争论，在现实的中国经济表现中似乎证明了后发优势之说，呈现出经济繁荣的景象。然而面临着关系我国根基的农业现状，后发劣势的忠告也似乎隐隐再现，并在逐渐得到应验。我们在模仿现代市场机制和规则的同时，不能忽略了生存根基产业的呼声。

（3）国际贸易理论中的绝对优势理论和比较优势理论，证明了国际分工和专业化效率的好处。但是该类理论是在自然的分工经济理论基础上，借用到国际分工上的分析，其假设前提就是国家之间没有战争、相互尊重主权、互惠互利。然而历史上以各种手段吞并和控制他国的案例很多，优势理论是在不涉及国家安全的条件下的不现实理论。所以在现实中据此来进行宏观管理，认为粮食生产应参与国际分工，就是不顾国家安全的照本宣科。

（4）经济学中证明的瓦尔拉斯市场均衡是帕累托最优的，并表达为福利经济学的基本定理。据此有部分学人认为完全自由竞争的市场是最佳的经济环境，并倡导自由主义，其实却忽略了信息对称的假设。该假设严重脱离现实，并常被自由主义者掩盖和利用，在不对称信息的现实环境下讲自由贸易，是老牌帝国的一贯做法。转基因的安全与危害属于技术拥有者的专有信息，并没有成为市场的公共信息，如果我们按照安全无危害的假设进行市场管理，并等同于当地安全食品进行销售，其风险不只是食品的安全问题，更涉及我们的相关产业的生存问题。

（5）在人类命运共同体的理念下，在和平共处及世界贸易规制的原则约束下，人们都理性遵守规则，才能实现世界的和平与繁荣。但是信奉丛林法则的人，时常违反规则，为了自身的利益而不择手段。轻则贸易保护，重则抢占吞并。在人类文明史中能够长期稳定的中华文明主要是依靠农耕来维持的。农耕文明不仅是我们的骄傲，更是我们的立足之本。而在全球化的倡导下，我们要为全球一体化做好理论准备。但是客观世界不可能完全按照我们的设计来运行，也还存在着各种不稳定因素，所以忽视立足之本就有可能招来灭顶之灾。

6.3.3 粮食市场风险问题的进一步思考

基于上述分析，我们不能以漠视的态度，忽视粮食产业存在的严重危机。必须采取有力的措施，制止目前粮食市场的“劣币驱逐良币”事态，尤其是作为保障我国粮食生产安全的黑龙江，更是责无旁贷。然而这项工作又是艰巨的，需要社会各界的共同努力，其中最为关键的是政府的重视和组织协调。具体的对策建议如下：

（1）要争取中央政府的支持和帮助，这是此项系统工程的最为重要的环节。力争举全国之力，以政策和资金扶持粮食生产、减少生产和销售成本，让农民恢复生产积极性和自信心。

（2）必须让广大消费者知道其消费的食品来源和属性，所以我们的市场监管部门就要辛苦地清查市场，帮助人民将转基因与非转基因食品区分开来，尤其是我们自己的“绿色食品”一定要提高品质，并注明“非转基因”等标志，同时要做好宣传工作。

（3）要以含量不明、技术壁垒等形式，处理好进口产品的差异等信息公开和追踪管理。这样才能在市场上营造真正的公平环境，在国人的理性选择下，必能保障我们的产业安全，这是我们工作的首要任务。

第 7 章

市场之间的均衡分析

在市场经济环境中，市场上的任何事情都会在资源配置作用下，表现出供求力量的均衡特征。这种均衡在某一种产品的供需上表现出来，就是经济学中所说的局部均衡；而所有产品都达到均衡的状态，则被称之为一般均衡。这里的所有产品包含着市场中可以进行交换的所有货物和服务，看似包含了我们生活中所面对的所有交易行为和对象。但是在传统的经济学研究中，主要侧重某一个市场环境下的行为和对象的研究，并在政策、行为、产品性能无差异等条件下进行研究。而当今的现实经济生活却存在着：国内和国际市场之间的差异和均衡问题，国内各地区之间的市场差异和均衡问题，以及人们的家庭和社会生活等非市场活动与市场行为之间的冲突和协调等均衡问题的分析。面临这些问题，我们必须做出一定的努力，寻找现实中的经济规律及政策作用情况，具体分析如下：

7.1 市场之间的协整分析

从全社会的均衡视角，考虑产品和人类自身的两个社会再生产过程，涉及产品市场和劳动市场的人类选择行为，以及为了两个再生产过程顺利进行提供服务的货币市场等经济行为。所以在构建全社会再生产均衡模型时，最低要考虑到这三个市场之间的均衡关系，为了探索这三个市场之间的关系是否稳定协调，我们试图利用协整分析的方法来观察产品、劳动和资金市场之间的长期稳定的关系。具体做法如下。

7.1.1　协整关系存在的判断

协整系统是一些协调变动的变量之间，所形成的相对稳定的系统组合。要观察各个市场之间的协整关系，就需要首先确定各个市场的特征指标，并系统性地观察各个指标之间的协调可能性。每个市场都有其相对稳定的特征指标，如均衡价格、均衡交易量、均衡交易额等内容。而其中的市场价格是最为综合的信息，研究市场之间的均衡关系时，就要综合考虑各个市场的价格之间的协整性问题。为此就三个重要的市场之间的关系做具体分析如下：

1. 三个市场的均衡指标的计算

产品市场最为综合的物价指数不是 CPI，也不是 PPI，而是 GDP 的平减指数；劳动、技术、人力资本等人才市场最为综合的均衡指数，应该是人均可支配收入的水平变动；资金市场是以资金的流动为对象，其均衡指数应该是各类利率的一般水平，由于资料的限制，我们只能以最为普及的贷款利率的变化作为所有利率的指数代表。根据 1993 ~ 2017 年的《中国统计年鉴》提供的各市场的主要均衡指标的相关数据，整理计算出反映三个市场的均衡价格变动情况的指数数据，如表 7 – 1 所示。

表 7 – 1　三个市场均衡价格指数统计

年份	产品市场物价指数 WJZS（%）	人均收入指数 SRZS（%）	贷款利率指数 LLZS（%）
1993	115.16944	123.0928	100.00000
1994	120.65650	134.9873	100.00000
1995	113.61844	126.4046	114.21181
1996	106.52853	119.0658	111.26987
1997	101.65078	109.0934	104.95811
1998	99.14204	105.8782	95.57895
1999	98.70182	106.9939	89.00489
2000	102.05341	106.7362	76.98749
2001	102.08074	109.3405	80.64311
2002	100.63311	111.3434	96.11119
2003	102.63865	110.4963	100.00000

续表

年份	产品市场物价指数 WJZS（%）	人均收入指数 SRZS（%）	贷款利率指数 LLZS（%）
2004	106.96528	113.0457	92.05983
2005	103.89867	112.7899	98.59809
2006	103.94589	113.2626	100.88889
2007	107.83465	118.8002	104.15889
2008	107.78245	116.0196	105.07706
2009	99.86595	110.3196	114.56859
2010	106.97938	114.0722	106.78675
2011	108.08944	116.5852	74.02348
2012	102.35097	114.3092	101.01883
2013	102.18506	109.8523	118.19504
2014	100.82618	110.1381	98.87068
2015	100.09353	108.9208	90.97870
2016	101.13802	108.4438	100.27179
2017	104.15191	109.0375	85.83370

2. 协整可能性判断

以产品市场的最终均衡指标 WJZS 为例，这是从全社会的所有货物和服务的交易视角来考察价格变化情况的指标。该指标是按照 GDP 平减的方法获得的，即以市场现价核算的全社会所有货物和服务的生产总值 GDP 的变化指数（即现价 GDP 指数），除以不变价计算的 GDP 指数获得的物价指数。反映着产品市场的均衡变动过程和趋势，而对该物价指数进行平稳性检验，就是观察其均衡的长期稳定性等特征。通过单位根的假设检验，发现产品市场的物价指数是不平稳的，且属于一阶单整过程。具体的检验过程如下：

```
> PP. test(SCFX$WJZS)
        Phillips - Perron Unit Root Test
data:SCFX$WJZS
Dickey - Fuller = -2.1825, Truncation lag parameter =2, p - value =0.5028
```

结果表明产品市场的物价指数 WJZS 是单位根（即非平稳的）可能性很大，概率在 50.28%，所有产品价格在长期以来的变化是不稳定的。为此，需要对此变量做一阶差分，并对差分后的变量再进行单位根的检验如下：

```
> PP.test(diff(SCFX$WJZS))
            Phillips - Perron Unit Root Test
data:diff(SCFX$WJZS)
Dickey - Fuller = -5.2386, Truncation lag parameter =2, p - value =0.01
```

结果表明产品物价指数的一阶差分过程是平稳的，说明该变量属于一阶单整过程。同理，对其他两个市场的均衡价格进行观察，以人均收入指数来反映劳动市场的价格指数；以贷款利率指数来反映资金市场的价格变动指数。同样的单整阶数的判断结果如表 7 -2 所示。

表 7 -2　　三个市场均衡价格间的协整可能性判断

指标	平稳性	单整阶数	判断
物价总指数 WJZS	非平稳	1	可能存在协整关系
人均收入指数 SRZS	非平稳	1	
贷款利率指数 LLZS	非平稳	1	

检验结果表明，在产品、劳动、资金三个市场中，各种均衡的结果之间可能存在着进一步的协整关系，反映出市场之间的均衡关系的存在。

7.1.2 协整方程的估算与检验

利用可能存在协整关系的三个市场的均衡价格数据，估算回归方程有：

$$SRZS = 1.16826WJZS + 0.09024LLZS - 17.70437 \quad (7-1)$$

各项检验如下：

1. 统计检验

统计检验是对回归方程中的各个变量及其所有变量的显著性进行的检验，在该模型中的检验结果是很理想的，不但每个变量是显著的，所有变量的整体作用也是显著的。具体的检验数据内容如表 7 -3 所示。

表 7－3 市场间均衡模型的统计检验

线性回归		SRZS ~ WJZS + LLZS		数据框	SCFX		
残差分布		特征名称	最小值 min	四分位数 1Q	中位数 median	四分位数 3Q	最大值 max
		特征值	－2. 8391	－1. 6756	0. 4274	1. 3336	3. 3255
系数检验	对应变量 Coefficients		估计 Estimate	标准误 Std. Error	t 统计量 t value	累计概率 Pr(> |t|)	显著水平
	Intercept		－17. 70437	8. 36837	－2. 116	0. 0459	*
	WJZS		1. 16826	0. 07749	15. 075	4. 44e－13	***
	LLZS		0. 09024	0. 03698	2. 441	0. 0232	*
水平代码		0：“ *** ”	0. 001：“ ** ”	0. 01：“ * ”	0. 05：“. ”	0. 1：“ ”	1：“ ”
残差估计标准误差 Residual standard error				2. 002	残差自由度 degrees of freedom		22
总判定系数 Multiple R－squared				0. 9194	调整的判定系数 Adjusted R－squared		0. 9121
F 检验统计量 F－statistic			125. 5	F 的自由度 DF	2 & 22	外侧累计概率	9. 322e－13

2. 残差项的检验

该检验效果也很好，主要内容如下：

第一，对残差项进行平稳性检验，结果如下：

```
> PP. test(E)
        Phillips－Perron Unit Root Test
data:E
Dickey－Fuller = －6. 7173,Truncation lag parameter =2,p－value =0. 01
```

该检验说明残差是平稳的，同时也证明了模型是协整回归。

第二，残差项不存在自相关，如图 7－1 所示。

从图形分布情况看，该模型的残差不存在任何阶的相关性。

第三，残差的正态性检验，可通过残差的正态 QQ 图来观察分析，如图 7－2 所示。

该图表明模型的残差基本上是服从正态分布的。

第四，残差的同方差特点明显，即不存在异方差性，如图 7－3 所示。

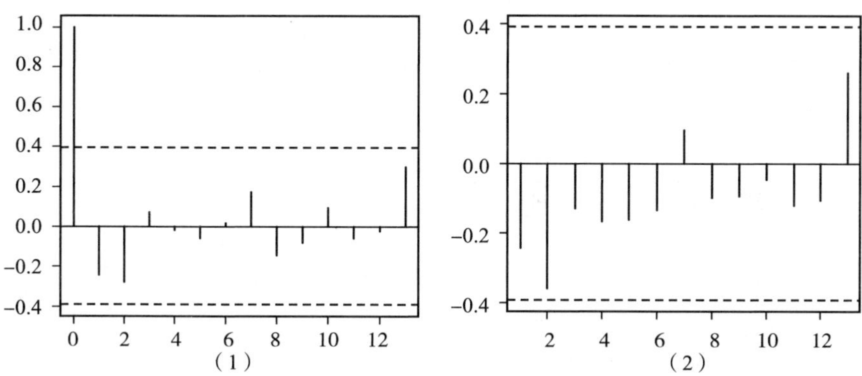

图7－1　残差的自相关和偏自相关图

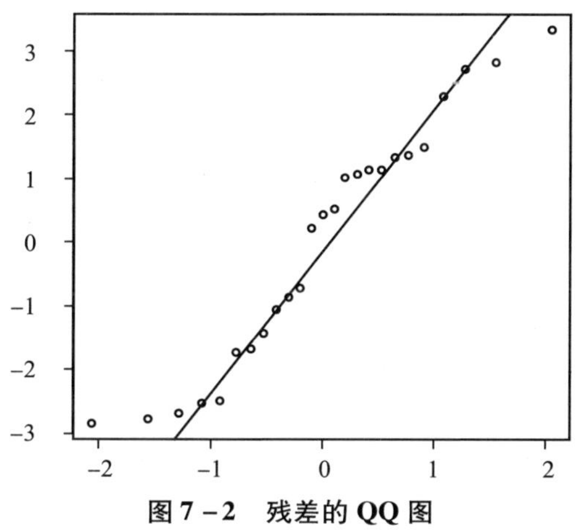

图7－2　残差的QQ图

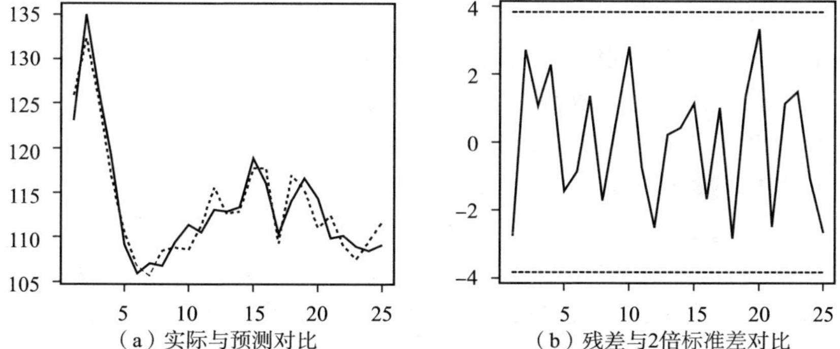

图7－3　残差的分布图

图 7 – 3 表明模型的残差都在 2 倍标准差的范围内随机分布，且实际值与预测值的水平、趋势、斜率等特征也非常接近，说明模拟的效果较好，模型质量较高。

7.1.3 经济意义分析

在上述各类检验的基础上，进一步对该协整方程分析，就有可能发现三个市场之间的客观联系。在该协调一致关系表达的方程中，各回归系数所表达的经济含义，对我们的经济分析很有帮助，分别介绍如下：

1. 模型的含义

该模型是在三个市场自身均衡的基础上构建的，所以其本身就有客观的基础，表明人均收入与物价及利率的关系。这种客观的存在往往可以证明某些未知的关系和规律，可以证实或证伪已有的理论或猜想。该模型是协整关系的一种形式，表明该地区的人均收入水平变动与产品生产的物价改变有关，同时也与利息率的变化有关。

2. 物价的回归系数

该回归系数表明产品市场的整体物价水平每增加 1%，该地的人均收入将同步增加 1.16826 个百分点。由于商品物价是与商品的供给和需求以及货币的供应量相关，所以物价的增加可能是供给的减少、需求的增加或通货膨胀等反面引起的。而在分析期间的经济环境中，供给并没有减少，需求的增加也是有限的，很大程度上是伴随通货膨胀而产生的现象。通货膨胀首先表现为收入的提高和物价的上涨，所以这一系数为正时，说明两者之间同向等比例改变，这一改变往往是收入的提高，会引起物价的上涨，而物价的上升又会带动收入的增加。这是互为因果的特征，也是动态分析的表现，而这一表现与微观经济学中的马歇尔剪刀所反映的内容相反。一方面证明传统的理论可能有错，另一方面提示我们不能墨守成规，一定要尊重实际进行经济分析。

3. 利率的回归系数

该系数表明，利率每增加 1%，全社会的人均收入将同方向增长 0.09024 个百分点。利率的高低说明货币的时间价值的大小，而在近 30 年的中国经济环境中，平均的利率水平单位改变，会反映出社会平均收入的增加，也可以看作是资金投入生产的边际收入水平。

7.2　市场均衡模型的构建

从三个市场之间的均衡关系出发，考虑到社会的性质和宏观管理的普遍目标，我们可以进一步构建社会整体生产能力的决定方程。为此，以产品市场实现的生产能力和规模水平的普遍提高为被解释变量，结合产品市场、劳动市场及资金市场之间均衡关系机理，将劳动市场的人才数量和质量，以及金融市场的规模总量作为宏观产能决定的约束和解释，来构建模拟分析模型如下：

$$GDP_t = 10.04R_t + 10730000B_{t-6} + 0.2255M_t - 693600 + e_q \quad (7-2)$$

$$DDP_t = 8.05R_t + 142520.351B_{t-7} + 3.748C_t - 11188.902 + e_h \quad (7-3)$$

式（7－2）、式（7　3）中各变量的经济含义是：GDP 为国内生产总值，DDP 为黑龙江生产总值，R 为区域就业人口，B 为高校生占区域人口的比重，M 为货币供应量，C 为地方年末存款余额，e 为残差项。对该模型的质量检验的分析说明，可从如下三个方面进行：

7.2.1　检验分析

模型的质量决定了我们分析结果的可信程度，所以在模型构建过程中，必须进行一系列的检验工作，以保障模型的质量达到我们要求的95%的把握水平。具体的检验说明如下：

1. 经济意义检验

依照一贯的做法，对模型的经济意义和理论设想等内容的具体检验说明如下：

第一，我们的模型是依据社会均衡理论构建的，各组成部分的构成形式也符合经济理论的要求。

第二，模型的各个构成要素的经济意义合理，能够解释现实市场的均衡状况。

第三，该模型中两个方程的含义一致，测算结果也不存在任何矛盾问题。

2. 统计显著性检验

统计检验主要是利用统计假设检验的方法，对模型的主要构成变量进行的作用检验。具体内容如下：

第一，对各个解释变量在不显著的假设下，进行的 T 检验，所有检验的结果都是以 95% 以上的把握程度否定了不显著的原假设。

第二，对所有的解释变量进行整体性 F 和 R^2 检验，都具有很高的显著性，说明模型整体上显著成立。

结合每个解释变量和所有解释变量的显著性，说明该模型中的两个方程在统计上是显著成立的。

3. 直接反映模型质量的残差项检验

质量好的模型，应该是经济意义合理、统计上显著的模型，同时模型的残差项应该是符合基本假设的。即高质量的模型在解释变量较全面地解答了研究对象的变动外，所剩余的残差项就应该是纯随机的、服从正态分布的、同方差性的、无自相关性的随机变量。我们在此对该模型的残差项，首先进行了正态性检验，认定其是服从正态分布的；其次进行了异方差性的检验，发现残差项并不存在异方差性；最后进行了残差项的自相关性检验，即不存在自相关现象，说明模型的动态关系恰当合理。

4. 参数的稳定性检验

模型的参数是对经济规律的估计，作为规律性的内容，其在不同的时空都应该是稳定的。所以有关参数的检验，主要是对不同的时空数据所估算的参数是否稳定的检验。这里对所有的参数都进行了稳定性的检验，且检验的效果都很好。

通过上述各方面的系统检验，说明该模型的模拟效果很好，可以推广使用。并说明在市场经济环境下，黑龙江和全国的均衡结果都具有形式完全相同的产能决定关系，只是各参数所反映的作用程度存在一定的差距。

7.2.2 价值创造能力的分析

从劳动创造价值的视角，观察劳动力市场均衡的就业和人才培养对黑龙江经济发展的推动作用，具体可以从质量和数量两个方面进行分析。

1. 劳动力质量的分析

市场上现实的人才质量，主要体现为人才作用发挥程度的差距，这也是黑龙江与全国差距最大的地方。人才在现实的社会生产活动中的作用发挥，需要拥有满足现实需要的人才，而有效的人才产生，是需要人才培养工作的有效配合，进而高校的人才培养质量就成为我们考核的重点内容。我们使用高校生占就业人口的比重来表达人才培养的质量情况，从数据上看全国的高校在校生数量在逐年增加，而黑龙江自 2009 年之后就基本持平，说明黑龙江的人才培养的地位较全国在不断下降。同时，由于人才培养规模的差距越拉越大，如图 7－4 所示，人才作用的趋势差距也在明显的拉大。

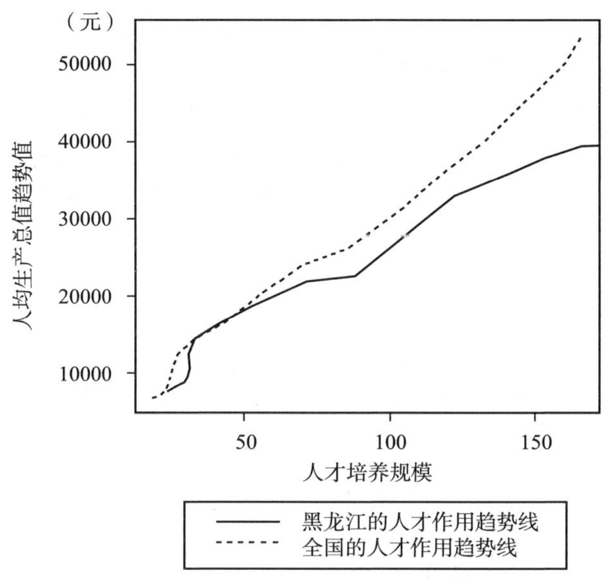

图 7－4　黑龙江与全国人才作用趋势线

黑龙江的高校在校生占全国的比重呈抛物线在迅速下降的状态，而这些逐渐递减的人才又呈现大量外流的态势，使得黑龙江的人才数量锐减。在知识经济时代，人才培养显得十分重要，而人才的流动向来都是向着事业的高地，即长期前景看好的地方。

从式（7－2）和式（7－3）的数据对比分析，可以看出全国的人才培养对经济建设的显著影响，需要 6 年之后才能表现出来。通过建模测算得到人才培养的边际作用倾向，即该比例每增加 1 倍，全国的 GDP 将在 6 年后会增加千万亿元。而黑龙江要晚一年才能体现出显著性的作用，且边际倾向表明人才培养增加 1 倍，生产总值只增加 14 万亿元。可见预期相差如此大的生产环境，会为黑龙江的发展带来什么严重的后果是可想而知的。

2. 劳动力数量的分析

从式（7-2）和式（7-3）的R项偏回归系数上看，劳动力的数量体现为就业人口规模上，其在两方程中体现的作用差距也是很明显的，即就业人口每增加1万人全国GDP将增加10.04亿元，而黑龙江只能增加8.05亿元左右。由于全国的平均数据中包含着黑龙江的作用，如果在全国水平中剔除黑龙江的作用后，全国的平均数据将会进一步提高，黑龙江和全国的差距将会更大。但是这在模型中的各要素间对比，也是差距最小的地方了，在一定程度上表明黑龙江经济增长的主要动力是规模经济。

同时，与人才比重下降相反的是就业规模的增长高于全国，这说明黑龙江的产业结构在逐渐趋向传统的劳动密集型特征。这种趋势很值得我们深思，这往往是以淘汰的产能吸收农村转移劳动力的经济特征。

7.2.3 资金市场的供给问题分析

资金是社会再生产顺利进行的重要保障，一个地区的资金越充足，交易效率就越高，当然资金供应过多也易引起通货膨胀。因此，社会资金必然成为我们分析金融市场的重要内容，也是我们分析市场之间均衡的重要纽带。资金的余缺也可以反映出地区或领域的生产和生活状态以及存在的问题等内容。

1. 对社会资金的统计观察

社会资金的规模主要是在社会再生产活动中所使用的资金数量，常表现为从金融机构进出的资金流量。由于货币的流通速度等因素的不同，社会所需的资金数量是很难预计的，并且存在于社会再生产各个环节上的各类资金，也反映着资金要素存在的基本状况和结构。所以人们多以不同口径的货币供应量（M_0、M_1、M_2等更广义的观察）来反映一国或地区的社会资金的规模。现代社会的货币乘数越来越大，货币供应量的范围也在越来越大，所以我们选择了M_2作为我国货币供应量的核心指标，并在模型中简记为M。但是，各地区的社会资金量确定，则需要考虑如下两点：

首先，对于合法货币流通范围内所属的各地方而言，货币供应量并没有相应的统计观察。同时由于资金的流动性，相同的货币供应量并不能保证其在各个地区之间均匀分布。尤其是某些地区的市场管理上的差距，造成了社会资金的非均衡流动，使得某些地区的资金短缺，而某些地区的资金剩余，它关系到各地区的生活福利和交易效率。所以资金的余缺分析，在各地宏观管理中很有必要。

其次，各地区流通货币供应量的主要依存形式不同。黑龙江社会资金的主要融通渠道，就是银行存贷款，股市和债市的规模都过小。因此，我们使用黑龙江的银行存款总额来代替社会资金规模，并在式（7 -3）中简记为 C。虽然并不完全准确，但其变化的方向和速度都能恰当地反映黑龙江社会资金的变化特点。

2. 模型资金作用分析

结合两个模型，从社会资金运行的特点上，对模型资金变量的估算结果做初步分析如下：

首先，资金量与生产量的比例分析。随着资金周转速度的不断加快，总体上看单位存款的生产总值水平都在下降，但是测算结果显示，黑龙江明显高于全国的水平，这说明黑龙江的单位存贷款创造的生产总值更多。这种情况有可能是黑龙江的资金流通速度较全国要快一些；也可能是黑龙江的生产结果属于劳动密集型，所以使用资金较少；这后一种可能性更大一些。

其次，资金对生产的作用程度分析。通过模型中两个方程的资金项系数可以看到两者之间的差距，即全国货币供应量 M_2 每增加一单位的 GDP 将增加产值 0. 2255，而在黑龙江则能增加 5. 69。这说明资金的作用发挥较全国更大，似乎更需要资金的支持。

3. 黑龙江资金问题分析

从相关文献中，我们经常看到黑龙江的融资困难等普遍存在的现象。这说明在黑龙江一方面资金的边际效益很高；另一方面又出现资金较严重短缺的矛盾现象。这一矛盾在市场经济环境下，只可能是如下两种情况：

首先，资金的垄断或管理的屏蔽，使得资金融通渠道单一，不能流入某地域或领域，这是金融监管过严，且不作为的主要表现。

其次，投资者对该地区的产业发展预期不佳，在不存在流通障碍的生产领域，也会出现生产者的资金短缺现象。

不论哪一种情况，在市场经济的制度中，尤其在“互联网 +”的环境下，都可以看作是交易费用过高，加大了投资或经营的成本，进而出现区域经济不景气的状态。

7.3 民生问题的根源分析

上述关于全国和黑龙江各市场之间的均衡模型，反映出黑龙江的产能与全国的差距在不断拉大。然而在对黑龙江问题的多数分析中，人们将注意力集中在所有制结构、产能过剩的供给侧改革、传统的管理体系影响、产业结构的不合理等视角进行的。其实在全国统一的市场经济大环境下，市场机制的作用向来都是促进人、财、物的自由流动。这种流动的结果，往往都是由各个局部的资源禀赋和政策环境决定的。在传统的经济学中多侧重资源禀赋和分工协作的比较优势分析，从这一理论出发，任何地方都可以在市场交换中获得好处。更何况黑龙江是具有资源绝对优势的地方，更没有理由发展不上去了。因此我们认为只有区域经济的宏观政策环境，才是制约黑龙江经济发展的根源，并从地方经济政策的作用视角来构建内在动力模型，具体分析如下：

7.3.1 分析模型的构建与估算

从内在的动力机制上看，历史的基础对现实的影响向来都是显著的，所以我们可以从经济增长的自回归模型入手，来构建一个地方的经济增长的基础模型。并在基础模型上根据社会主义市场经济的目标①，加入宏观经济政策的调控作用，并从我们可控因素出发，来模拟区域经济增长动因的影响因素分析模型。以实现在可控范围内，促进区域性总目标实现的分析和管控的工具模型。

1. 政策工具及其作用程度的估算

在宏观经济学中，政策工具主要是财政政策和货币政策两类，其实施程度主要体现在真实税率和货币供应量上，为此我们将这两个因素融入经济增长的基础模型之中，从经济增长自动力、金融工具、财政政策三个视角来构建地方经济内在动力模型如下：

$$GDPZS_t = 0.7911GDPZS_{t-1} + 0.000004487M_t + 324.9L_{t-1} + 1151L_{t-1}^2 + e_q \quad (7-4)$$

① 王涛：《社会主义市场经济的宏观管理目标》，引自黑龙江省统计学会：《黑龙江省统计学会第十二次统计科学讨论会论文集》，2016 年，第 5 ~8 页。

$$DDPZS_t = 0.5499DDPZS_{t-1} - 0.001084D_t + 1328SL_{t-1} - 7063L_{t-1}^2 + e_h \quad (7-5)$$

其中：GDPZS 和 DDPZS 分别是全国和黑龙江的生产总值指数；L 是财政收入占生产总值的比值，表明宏观税率；D 是黑龙江年末贷款余额；其他符号同前。该模型在全国和黑龙江的实证形式完全相同，各项检验也都通过了统计显著性的检验，且效果较好。

2. 经济参数的实证分析

上述两个分析模型的形式基本一致，说明了两者之间的隶属关系。但是各因素在式（7－4）和式（7－5）之间的作用程度差异较大，具体分析如下：

首先，黑龙江的自动力小于全国水平，说明现有生产方式下所形成的黑龙江产业结构，较全国的产业结构明显存在自动力不足的问题。

其次，黑龙江的金融工具主要是银行的存贷款，其作用与全国的货币供给的方向却呈现出相反的作用方向。这说明黑龙江的投资环境不容乐观，即全国的货币供应促进了经济增长，而黑龙江的贷款政策却阻碍着地方经济的增长，从贷款的去向及效益上还可以进一步做详细的分析。

7.3.2　地方政府的关键政策及其作用机理分析

在当今的市场经济环境中，货币政策主要是由中央银行来实施的，其作用也往往涉及全国及更大的范围。所以对某地区的政策干预，往往需要使用地方的财政政策，才能有效地达到作用局部的效果。因此，在地方政府的宏观管理中，主要使用的都属于财政性政策，所以财政性政策是我们分析的重点，具体分析如下：

1. 财政性政策的作用机理

财政性政策主要是通过财政性收支来参与经济活动，改善并影响经济生活的政府收支活动。其财政的收入又是以税收和债券为主，支出往往是公共设施建设、国家安全和教育等领域的资金使用。我们的分析侧重点在收入上，具体原因如下：

第一，财政支出的方向主要影响产业的结构，这也是主流分析的侧重点，收效不佳。

第二，税收是我国各级政府所用资金的最主要来源。税收水平对经济生活的影响，是个较为敏感的问题，很少有人做系统性的政策作用分析。

第三，我们将税收看作是财政政策的主要手段，并认为该政策是一把“双刃剑”：在税收水平合理时能够促进经济的健康发展，在税收水平不合理时将阻碍经济的健康发展。为此借鉴拉夫尔的做法，来构建税收影响经济增长的抛物线方程。

2. 估算结果的分析

根据通过检验的式（7－4）和式（7－5）两模型的估算结果，做关于税率的导数，并令其等于零，就可以得到使经济增长速度达到极大值的税率水平。具体结论如下。

第一，在黑龙江的经济环境和生产结构基础上，如果宏观的税率达到L＝0.094以上，则会阻碍经济增长，这正是黑龙江2012年之后的情况。

第二，在当前的全国经济环境和产业结构下，如果宏观税率达到L＝0.141以上，就会阻碍经济的增长，这也正是新常态所遇到的情况。

第三，将实行市场经济以来的黑龙江财政收入的发展速度与地区生产总值的发展速度进行对比，如图7－5所示。

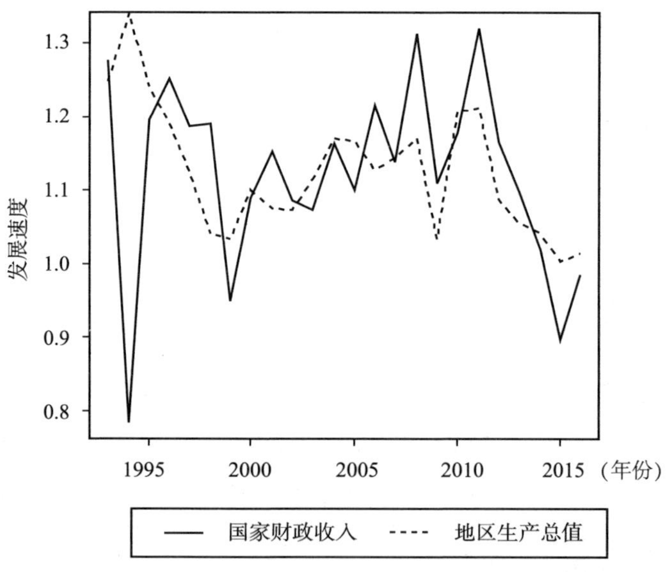

图7－5　黑龙江财政收入与生产总值的关系分析

从图形分布上可以看出，财政收入越高生产总值反而下降，而财政收入低到一定程度，则生产总值反而上升。因此，我们的财政政策要以经济增长的预期为依据，而将财政收入水平超出经济增长水平是件危险的事情，我们不能将其当作是常态来对待。

7.4　对策建议的思考

民生的改善是一个地区生活福利的普遍提高，而提升福利的最重要的途径就是全社会财富的创造。从前面实证方程的式（7－1）至式（7－5）中，我们知道了创造财富所需要人才、资金和市场经济环境的共同作用。因此，在顺应规律的制度安排上，我们的各级政府要注重哪些制度的建设呢？具体分析如下：

7.4.1　宏观政策制定主体及市场环境的建设

在市场经济环境中，流动性的因素很多，资金、产品、人才、信息等要素都是在不断的流动之中。哪里的市场交易成本较低，这些流动性的因素就会流向哪里。并且为这些地方带来新的活力和经济增长点，因此各地各级政府和民众都有着一致性的愿望，降低自身的交易成本，引来人才和资金，使自己的家园变为令人羡慕的乐土。

1. 市场环境的营造

市场环境的美好是广大民众的愿望，是为人民服务型的政府应该努力创造的目标。然而要达到这样的目标，并非只靠愿望就能实现的，是要遵循客观的经济规律和全体民众的共同努力。

第一，中央政府要为国家安全和社会公平，制定一系列的全国统一的方针和政策。只有在国家安全基本得到保障的前提下，才有可能安心地进行各地方的经济建设。

第二，各地方的市场环境主要取决于地方政府对黑恶势力的打击和市场交易费用控制。由于欺行霸市等现象的存在，即使是隐秘性很强，也会在现实的市场中体现出来。主要表现在市场产品或商家的单一性、市场各要素的流动困难、社会经济环境明显低于其他地区等情况。而这类情况的产生又往往是政府官员的机会主义以及官员的腐败与黑恶势力的勾结造成的。

第三，随着电子商务的广泛普及，实体的市场也将越来越少，但是线下的体验场所将越来越多。所以市场的繁荣不会因为商业手段的改变而呈现衰败，如果一个地方的市场规模或形式在不断减少，则可以认定该地区的市场交易成本过高。

2. 美好经济环境的关键是营造服务型政府

市场经济需要市场具有较好的流动性，不论是人才、企业、资金、物资、信息等都要实现能够自由的流动。政府的管理工作也要配合市场的需要，促进这些要素的加速流转。20 多年的市场经济建设经验，使我国政府的为人民服务意识在不断加强，办事效率也在不断地提升。结合历史的经验教训，党的十八大以来让市场在资源配置中起决定作用的理念已成共识，但是如何更好地发挥政府的作用，还需要作出更多的努力：

第一，需要大规模地简政放权，尤其是涉及各类收费减免等相关的政策性业务。2018 年以来的“只让群众跑一次”的口号，就体现了政府的服务意识的加强，也是减少市场准入成本的重要举措。

第二，只有实现市场的自由进出，才能真正实现市场要素的流动，在要素流动中才能真正达到社会福利的提升。自由进出市场并不是一句简单的口号就能解决的，从相关市场管理的矛盾事件频发等现象，就可见其问题的复杂性。

第三，在保障市场要素畅通和有效流动的前提下，减少运营成本就是地方政府的最主要的管理任务了。而运营成本的最为关键的组成部分就是税收，在实行国家和地方税收分流的管理体制下，地方的税收负担不可能一致。进而就必然导致地区之间的生产成本差异，同时政策制定又必然涉及不同阶层利益的取舍，这种取舍往往是抛弃民众利益的结局。因此税收水平对经济增长的作用也就成了一把双刃剑，10 多年前我们对税收风险的预测就很准确①，税收水平过高抑制了经济增长的速度。如今我们仍然认为税收水平过高，是影响各地经济均衡增长的重要因素之一。

7.4.2 人才培养策略与经济发展的后劲

中国的传统文化都对人才的作用给予了充分的肯定，并且还存在着创造吸引人才的待遇和环境等一系列的措施。经过前述的分析，我们对人才的数量和质量的作用都有了更为具体的认识，因此需要加强如下几方面的人才培养工作：

---

① 陈海秋、王涛、魏薇：《税率风险与我国经济增长的实证分析》，载于《云南财经大学学报》2008 年第 4 期，第 66 ~ 69 页。

1. 人才及其生存的环境

人才是指具有一技之长的专业人员，当社会化分工较细时，人才的规模和需求就越大。然而我们的人才观念却存在着很严重的偏差，并一定程度上影响着我们事业的发展。由于人才引进和选择，都产生在人才使用之前，人才的标志并非显著信息。所以人力部门多以学历、资力或形式上的成果的高低及多少，来甄别所谓的人才，从而造成了大量的享乐追求者的伪人才的重用及对事业所造成的损失。

真正的人才绝不是见钱眼开的“打工仔”，而是能够给一方带来福利的经营者。他们需要一个能够看清自身努力是否奏效的事业空间，这种空间就是经济环境。所以没有良好的经济环境而为所谓的人才招聘所开出的一系列物质待遇和虚名，只能招来图虚名的享乐者，绝不会引起对事业追求的真正人才的兴趣。

2. 为人才创造事业的空间

在理解真正人才的基础上，地方政府的政策性管理重点，就应该是事业空间的营造了。由于人才与事业的关系是相辅相成的，所以只要事业越大，就越需要真正的人才。同时，真正的人才，才能将事业做强做大。因此，地方政府要繁荣经济，就要将其作为事业，并给予参与者们较大的自由空间，让他们在市场的资源配置下，自由进出市场。这样才能取其专业所长，弥补市场资源所短，达到人才和市场的共生共荣，促进经济的繁荣和发展。

3. 适应环境的人才专业化培养

任何市场都会具有自身的特点，并对专业人才有着特殊的需求，这是引进人才所不能解决的问题。从前面的实证上也可以看出，人才培养对经济发展的重要作用，因此各地根据自身的市场需求，有针对性地进行人才培养是经济发展的重要环节。

7.4.3 资金融通问题

在市场经济环境中，资金是最为活跃的因素，往往也是落后地区最为短缺的因素。所以我们会看到各地都有政府的招商引资机构或相关部门，甚至人们认为只要把资金引进来，就会盘活一切经济工作，就会带来一方的繁荣。这是一种错误的认知和管理方式，很多没有市场配合的招商引资行为，都证明了这一做法的无效性。在市场配置资源的经济活动中，由于资金的流动性最强，其获利能力也是较强的，所以资金短缺的地方往往是盈利能力较低的地方。资金短缺的领域或地区，正常情况往往是如下三种原因造成的：

第一，该地区的市场环境不佳，使得交易成本高于其他地区，促使社会资金远离此地，从而造成资金的短缺。

第二，该地区的非市场行为作用过大，导致市场作用失灵或者政府的市场保障作用失灵，从而出现所谓的资金短缺问题。

第三，市场的信息不对称，造成该领域或地区的盈利潜能信息不被资本关注，或者信息的不对称而引起的风险或不确定性较大，使得资金不敢涉及。

基于上述原因，将资金短缺视为经济问题的观点是不能成立的，也是非经济学专业人士常常使用的借口。所以资金的问题只是资金利用或生产的效率问题，即在正常的市场经济活动中，资金会自动地由效率低的地方向效率高的地区转移。当某地区出现资金短缺时，只能说明该地区的生产效率低下，并非资金的真正短缺。因此管理中的资金管理绝不是重点，而提高生产效率则是最为关键的问题。同时，资金的问题也只能是暂时性的问题，这在新中国的历史上都能得以证明的。在新中国成立之初，到处处于战争的严重创伤之中，没有资金、没有外援，也缺乏经济建设工作经验的人才。肯于吃苦耐劳的人民大众，经过坎坷的实践探索，终于在短短的半个世纪，创造了中国奇迹。这一过程，充分证明了货币只是一层面纱的说法。

7.4.4 市场信息对称的促进工作

福利经济学第一定理讲的是充分竞争的市场所形成的资源配置是帕累托最优的，福利经济学的第二定理是第一定理的逆命题，即任何对经济总量的帕累托调整，都可以通过市场机制来实现。这两个定理的基本假设前提，就是理性经济人所处的没有外部性的完全竞争的市场环境。人们在使用这一经济学定理的同时，往往忽略了它们的假设前提，而这些前提又是现实社会所难得到的环境。

在这些假设前提中，理性经济人虽然有些苛刻，但是随着经济学的普及和人类文明程度的不断提高，人类的理性程度也将越来越高。同时，随着市场的范围越来越大，外部性也将逐渐缩小。只有信息的对称假设，在现实中很难实现，因为有些市场的规则就是帮助某些市场主体隐藏部分信息的。

1. 信息的作用

从福利经济学的定理中，我们可以看到信息在社会资源配置过程中的作用和关键性。在市场经济管理中信息也将是最有效率的管理要素，它不但可以迅速提高资源配置的效率，还是最有可能实现的社会福利提高的途径。因此，在市场经济环境下最易操作的政策性要素，就是处理好交易双方的信息隐藏和公开等管理规则。

在经济学的历史上，利用私有信息，获得超额利润案例比比皆是。同时隐藏部分信息的规则也大量的存在，这些规则保证了规则保护方的超额利润，却损失了交易对方的平均剩余。可以说，信息的不对称已经成为经济学在目前走向科学的最大障碍。因此，信息对称的实现也就是市场经济的前进目标，更是经济学进一步发展所需要破解的重大难题之一。

2. 信息时代的优势

在实物交换的原始市场中，交易双方都隐藏着各自的私有信息，甚至一些规则的制定就是为了信息隐藏的需要。而在电子商务广泛使用的环境下，由于第三方平台的出现，信息的非对称程度在不断缩小，有时可以是完全对称的。所以当今的经济环境，是促进信息对称的极佳时机。这一时代不但可能实现交易信息的对称，还很有可能达到社会资源的最佳配置。这一实现的条件已经基本具备，即电子商务技术和信息处理能力。

3. 信息共享与利用

抓住 5G 时代的机遇，在政府的市场环境营造和市场行为引导的政策管理中，积极促进各类商务平台信息公开规范的制定和引导。以促成大规模的信息共享与利用，使得福利经济学的前提得以实现，并在人类命运共同体的理论引导下，实现中华民族伟大复兴，为人类文明的发展贡献中国的元素。

附　　录

表 1　　全国各省份的自然环境质量指数

省份	2004 年	2005 年	2006 年	2007 年	2008 年	2009 年	2010 年	2011 年	2012 年	2013 年	2014 年	2015 年
北京	0. 288	0. 289	0. 283	0. 254	0. 263	0. 263	0. 251	0. 257	0. 244	0. 247	0. 229	0. 215
天津	0. 181	0. 172	0. 170	0. 158	0. 166	0. 166	0. 137	0. 143	0. 143	0. 121	0. 103	0. 114
河北	0. 089	0. 108	0. 122	0. 113	0. 114	0. 114	0. 125	0. 121	0. 114	0. 090	0. 095	0. 107
山东	0. 138	0. 131	0. 175	0. 173	0. 157	0. 157	0. 147	0. 154	0. 149	0. 140	0. 135	0. 146
江苏	0. 181	0. 206	0. 207	0. 229	0. 229	0. 229	0. 224	0. 247	0. 231	0. 229	0. 211	0. 207
上海	0. 294	0. 292	0. 265	0. 296	0. 277	0. 277	0. 275	0. 267	0. 275	0. 260	0. 266	0. 250
浙江	0. 200	0. 201	0. 193	0. 218	0. 208	0. 208	0. 226	0. 225	0. 246	0. 221	0. 225	0. 234
福建	0. 141	0. 142	0. 158	0. 143	0. 151	0. 151	0. 172	0. 153	0. 176	0. 177	0. 170	0. 167
广东	0. 160	0. 167	0. 189	0. 178	0. 193	0. 193	0. 176	0. 184	0. 196	0. 202	0. 185	0. 191
海南	0. 147	0. 156	0. 148	0. 161	0. 156	0. 156	0. 165	0. 177	0. 152	0. 189	0. 176	0. 152
山西	0. 128	0. 119	0. 122	0. 114	0. 118	0. 118	0. 105	0. 106	0. 110	0. 121	0. 118	0. 128
河南	0. 114	0. 110	0. 118	0. 119	0. 111	0. 111	0. 120	0. 115	0. 113	0. 103	0. 106	0. 124
湖北	0. 143	0. 130	0. 126	0. 143	0. 134	0. 134	0. 137	0. 130	0. 123	0. 121	0. 126	0. 136
湖南	0. 132	0. 116	0. 130	0. 125	0. 121	0. 121	0. 127	0. 112	0. 128	0. 119	0. 137	0. 138
江西	0. 142	0. 133	0. 143	0. 136	0. 145	0. 145	0. 158	0. 141	0. 161	0. 137	0. 153	0. 166
安徽	0. 132	0. 135	0. 130	0. 142	0. 133	0. 133	0. 141	0. 121	0. 131	0. 117	0. 128	0. 143
四川	0. 113	0. 106	0. 092	0. 108	0. 110	0. 110	0. 097	0. 108	0. 112	0. 121	0. 113	0. 107
广西	0. 121	0. 094	0. 112	0. 109	0. 129	0. 129	0. 111	0. 116	0. 119	0. 136	0. 137	0. 139
贵州	0. 116	0. 097	0. 083	0. 094	0. 087	0. 087	0. 088	0. 075	0. 095	0. 102	0. 128	0. 128
云南	0. 124	0. 122	0. 100	0. 100	0. 104	0. 104	0. 112	0. 115	0. 128	0. 139	0. 134	0. 135
重庆	0. 136	0. 137	0. 115	0. 146	0. 141	0. 141	0. 133	0. 180	0. 184	0. 167	0. 184	0. 178
陕西	0. 112	0. 119	0. 107	0. 111	0. 106	0. 106	0. 119	0. 120	0. 109	0. 111	0. 118	0. 117

续表

省份	2004 年	2005 年	2006 年	2007 年	2008 年	2009 年	2010 年	2011 年	2012 年	2013 年	2014 年	2015 年
甘肃	0. 099	0. 076	0. 083	0. 078	0. 076	0. 076	0. 073	0. 077	0. 089	0. 087	0. 098	0. 108
内蒙古	0. 145	0. 134	0. 151	0. 156	0. 151	0. 151	0. 151	0. 161	0. 153	0. 155	0. 166	0. 162
宁夏	0. 133	0. 127	0. 138	0. 142	0. 138	0. 138	0. 155	0. 148	0. 136	0. 142	0. 146	0. 155
新疆	0. 096	0. 092	0. 110	0. 114	0. 110	0. 110	0. 089	0. 084	0. 085	0. 105	0. 106	0. 111
青海	0. 109	0. 093	0. 113	0. 121	0. 099	0. 099	0. 095	0. 096	0. 092	0. 087	0. 106	0. 112
辽宁	0. 189	0. 182	0. 164	0. 172	0. 166	0. 166	0. 182	0. 175	0. 172	0. 161	0. 152	0. 139
吉林	0. 175	0. 159	0. 152	0. 158	0. 158	0. 158	0. 173	0. 162	0. 156	0. 160	0. 160	0. 161
黑龙江	0. 164	0. 153	0. 160	0. 167	0. 174	0. 174	0. 180	0. 165	0. 149	0. 152	0. 159	0. 150
全国	0. 139	0. 133	0. 132	0. 134	0. 134	0. 134	0. 130	0. 135	0. 138	0. 137	0. 138	0. 141

注：本表全国数据不包含西藏地区、台湾地区、香港地区、澳门地区。

表 2　　全国各省份的净碳排放量　　单位：万吨

省份	2004 年	2005 年	2006 年	2007 年	2008 年	2009 年	2010 年	2011 年	2012 年	2013 年	2014 年	2015 年
北京	4340	4576	4829	5178	5016	5318	5504	5092	5257	4737	4844	4542
天津	3476	3870	4560	5098	5216	5803	6637	7209	7316	7660	7570	7320
河北	11051	15620	18360	21254	22860	25665	27934	32232	33096	32997	31753	31219
山西	10611	13260	15362	16308	15344	15309	16978	19081	20487	21161	21547	20678
内蒙古	-44900	-43062	-37164	-38739	-36274	-34816	-33094	-28270	-27527	-32796	-32210	-31991
辽宁	6455	8292	9888	11271	11992	12640	14604	15843	16272	14242	15091	13733
吉林	-24992	-24111	-24038	-23405	-23072	-23338	-22825	-22139	-22328	-25101	-25181	-25581
黑龙江	-42605	-41863	-41595	-40978	-41314	-45855	-45713	-45517	-45238	-50018	-50198	-49862
上海	7064	8006	8216	8659	8976	9011	12084	9837	9780	10141	9741	10009
江苏	9440	13027	14605	16396	16989	18206	20795	23639	24807	25342	26227	27315
浙江	3776	5160	6094	7364	7778	6909	7970	8989	8660	8047	8301	8037
安徽	-13	487	770	1819	3062	3181	3879	4756	5288	5034	5330	5644
福建	-11754	-10973	-10367	-9660	-9519	-9759	-8976	-8097	-7797	-11791	-10671	-10939
江西	-8495	-8055	-7694	-7264	-7177	-8632	-7785	-7164	-6989	-6896	-6554	-6348
山东	11660	17760	21228	23327	24506	25035	29054	31649	33549	32084	34378	36689
河南	3047	5027	6536	8120	8294	7828	9334	11206	10088	9318	10143	10652

续表

省份	2004 年	2005 年	2006 年	2007 年	2008 年	2009 年	2010 年	2011 年	2012 年	2013 年	2014 年	2015 年
湖北	-603	607	1364	2487	2770	1648	3440	4740	4924	1265	1596	1391
湖南	-6933	-5331	-4845	-3544	-3284	-5358	-4705	-3596	-3621	-3251	-3191	-2801
广东	-367	1141	2644	4301	4993	5846	7601	8597	8649	7436	8461	8304
广西	-14612	-14440	-14543	-15041	-14988	-16453	-15160	-14079	-13684	-14578	-14565	-14289
海南	-2990	-2955	-2805	-2246	-2275	-2207	-2019	-1708	-1647	-2418	-2196	-1970
重庆	-1950	-1038	-486	-322	-204	-327	303	1189	1123	-248	71	177
四川	-47501	-47021	-45906	-44986	-44888	-45530	-44846	-44625	-44363	-45294	-43967	-44304
贵州	-3455	-3379	-2219	-1710	-1376	-2101	-1941	-1175	-310	-1309	-1477	-877
云南	-46742	-45597	-45094	-44379	-44466	-47219	-46464	-46412	-45888	-48905	-49341	-49794
陕西	-7162	-6308	-5250	-4553	-3739	-4265	-2458	-785	868	805	1712	1515
甘肃	-4895	-4474	-4174	-3708	-3733	-4492	-3821	-2924	-2792	-3326	-3157	-3364
青海	-2562	-2493	-2260	-2139	-2060	-2417	-2485	-2083	-1941	-2302	-2306	-2576
宁夏	1028	1259	1463	1733	2039	1929	2630	4432	4767	5250	5406	5524
新疆	-8775	-8353	-7956	-7720	-7159	-8448	-7496	-6134	-4829	-4463	-2938	-2286

注：本表全国数据不包括西藏地区、台湾地区、香港地区、澳门地区。

表 3　　全国各省份的 DEA 效率

排序	地区	平均综合效率	地区	平均纯技术效率	地区	平均规模效率
1	云南	0.297	云南	0.372	甘肃	0.500
2	甘肃	0.372	贵州	0.506	山西	0.526
3	湖南	0.404	四川	0.593	江西	0.584
4	贵州	0.410	安徽	0.605	新疆	0.590
5	湖北	0.450	湖南	0.609	重庆	0.604
6	四川	0.461	湖北	0.662	陕西	0.653
7	河南	0.477	河南	0.710	广西	0.671
8	河北	0.478	河北	0.729	吉林	0.677
9	重庆	0.478	陕西	0.762	河北	0.678
10	安徽	0.479	甘肃	0.793	湖南	0.685
11	陕西	0.493	重庆	0.829	黑龙江	0.697

续表

排序	地区	平均综合效率	地区	平均纯技术效率	地区	平均规模效率
12	山西	0. 508	广西	0. 873	河南	0. 716
13	江西	0. 564	福建	0. 962	北京	0. 718
14	广西	0. 574	山西	0. 969	福建	0. 721
15	新疆	0. 590	江西	0. 973	湖北	0. 734
16	吉林	0. 677	内蒙古	0. 996	广东	0. 777
17	福建	0. 689	北京	1. 000	内蒙古	0. 777
18	黑龙江	0. 697	天津	1. 000	四川	0. 793
19	北京	0. 718	辽宁	1. 000	安徽	0. 802
20	内蒙古	0. 775	吉林	1. 000	贵州	0. 813
21	广东	0. 777	黑龙江	1. 000	云南	0. 851
22	上海	0. 858	上海	1. 000	上海	0. 858
23	山东	0. 859	江苏	1. 000	山东	0. 859
24	浙江	0. 927	浙江	1. 000	浙江	0. 927
25	海南	0. 961	山东	1. 000	海南	0. 961
26	青海	1. 000	广东	1. 000	青海	1. 000
27	天津	1. 000	海南	1. 000	天津	1. 000
28	辽宁	1. 000	西藏	1. 000	辽宁	1. 000
29	江苏	1. 000	青海	1. 000	江苏	1. 000
30	西藏	1. 000	宁夏	1. 000	西藏	1. 000
31	宁夏	1. 000	新疆	1. 000	宁夏	1. 000
—	均值	0. 677	均值	0. 869	均值	0. 780

注：本表数据不包含台湾地区、香港地区、澳门地区。

参考文献

[1] 李湛、王红雨、陈倍备:《生产力外部环境系统对生产力系统影响的分析模型》,载于《上海交通大学学报》1993 年第 6 期。

[2] 沈铎:《经济发展、社会建设和环境保护的协调发展》,载于《环境保护》1995 年第 10 期。

[3] 苏丽敏:《黑龙江东部地区大气、水体等自然环境污染状况与评价指标》,载于《科技与企业》2012 年第 12 期。

[4] 曲炳全:《自然环境对生产力发展的影响》,载于《财经问题研究》1985 年第 4 期。

[5] 梁文森:《生态文明指标体系问题》,载于《经济学家》2009 年第 3 期。

[6] 董战峰、郝春旭、王婷、葛察忠:《中国省级区域环境绩效评价方法研究》,载于《环境污染与防治》2016 年第 2 期。

[7] 陈雨艳、杨坪、余恒、张秋劲、李纳、黄胜红、王英英:《基于环境质量监测的区域环境质量综合评价体系》,载于《中国环境监测》2015 年第 4 期。

[8] 杨万平:《中国省际环境污染的动态综合评价及影响因素》,载于《经济管理》2010 年第 8 期。

[9] 李茜、张建辉、罗海江、林兰钰、吕欣、李名升、张殷俊:《区域环境质量综合评价指标体系的构建及实证研究》,载于《中国环境监测》2013 年第 3 期。

[10] 纪芙蓉、赵先贵、朱艳:《西安城市生态环境质量评价体系研究》,载于《干旱区资源与环境》2011 年第 10 期。

[11] 刘丽波:《江西区域环境治理投资效率评价研究——基于政府统计指标数据和 DEA 分析法》,载于《中国统计》2016 年第 6 期。

[12] 胡焕庸:《中国人口之分布——附统计表与密度图》,载于《地

理学报》1935 年第 2 期。

［13］吴士健、孙向彦、杨萍：《双重治理体制下政府碳排放监管博弈分析》，载于《中国人口·资源与环境》2017 年第 12 期。